田汉自述

浪漫与忧郁

田汉 著

泰山出版社 · 济南 ·

图书在版编目（CIP）数据

浪漫与忧郁：田汉自述 / 田汉著 . — 济南：泰山
出版社，2021.10
　　ISBN 978-7-5519-0666-1

　　Ⅰ.①浪… Ⅱ.①田… Ⅲ.①田汉（1898-1968）—
自传 Ⅳ.① K825.6

　　中国版本图书馆 CIP 数据核字（2021）第 211584 号

LANGMAN YU YOUYU——TIAN HAN ZISHU

浪漫与忧郁——田汉自述

著　者　田　汉
责任编辑　池　骋
特约编辑　史俊南
装帧设计　观止堂_未　泯

出版发行　泰山出版社
　　社　　址　济南市泺源大街 2 号　邮编　250014
　　电　　话　综合部（0531）82023579　82022566
　　　　　　　市场营销部（0531）82025510　82020455
　　网　　址　www.tscbs.com
　　电子信箱　tscbs@sohu.com
印　　刷　天津画中画印刷有限公司
成品尺寸　155 毫米 ×230 毫米　16 开
印　　张　18
字　　数　210 千字
版　　次　2022 年 2 月第 1 版
印　　次　2022 年 2 月第 1 次印刷
标准书号　ISBN 978-7-5519-0666-1
定　　价　53.80 元

凡　例

一、将原书繁体竖排改为简体横排，并参照不同版本，订正书中明显的错讹。

二、原则上保留原著作中出现的外国人名、地名等的旧式译法，订正个别极易引起歧义的译法。

三、不改变原书体例，酌情删改个别表述不规范的篇章或文字。

四、原书中文字尽量尊重原著，通假字及当时习惯用法（如"他""她"不分，"的""地""得"不分）而与现在用法不同者，一般不做改动。人名、字号、地名、书名等专有名词，酌情保留繁体和异体字形。

五、参照现行出版规范，对原书中标点符号进行适当修改，新中国成立后的日期等情况统一采用公元纪年法表示。

目 录
contents

第一编 母亲的话

第二编 浪漫与忧郁

第三编　漫说梅兰芳

第一编　母亲的话

去年三月间由渝回湘，奉老母在南岳菩提园住了将近七个月。借用了唐三家两间房，我在一间读书，老母在另一间绩麻，门是通的，我们母子一面工作，一面谈话，完全恢复了我幼年时代的愉快的场景。那时我母亲将满七十了。朋友们在过去激荡的数十年中熟识她老人家，或是受过她老人家若干好处的发起设法纪念她老人家，我这做儿子的更岂可没有一点礼物？我想把她老人家作为一个中国农民层的女性如何过出这艰难辛苦的七十年的历史记录下来。难得有当时那样的闲日月，又有南岳那样的好环境，我便于工作之余请她老人家每天说一段，一直说到现在，随说随记，前后费了一个多月光景，大体都记完了。我预备有工夫的时候整理起来，叫它做《母亲的话》。

　　从南岳到桂林过了将近一年，大大小小的事伤尽了脑筋。偶检行箧，发现当时这记录——因是用毛边土纸写的，都快有几张磨损得不可辨识了。老母今年自入春以来总是多病，最近一次竟由急性肠炎变成霍乱，一夜之间呕泻交作达数十次，几致不保。以此间省立医学院李院长，徐、林诸大夫的大力，幸得回春。她老人家自称"两世人"。刻下大病初愈，而瘦骨嶙峋有如桂江岩。我觉得这是完成那一工作的时候了。因打开以前的记录，有不甚清楚的请她老人家再说一遍。为着了解这现实社会的推移，有时甚至不嫌繁琐地记录它的零痕断迹。口吻也极力模拟她老人家，以求其真实。她老人家至今还说的十足的长沙乡音，有些话外边人听不懂，我甚至也一时找不出它的原字，才改成普通话。

这记录的最初场面是在长沙东乡，七十年前这一冷僻的乡村中许多人物事件或者不容易使读者熟悉，但经过最近几次的长沙会战，这些地方都成了我敌两方血肉相搏的地方，如黄狮渡、春华山、麻林桥、枫林港、杨泗庙，常常见诸报纸专电，也决不太生疏。后来场景移至上海、南京、武汉各地，生活也与大潮汇流，更容易明白了。

我生平记性太坏，时常见面的人也叫不出名字，以此闹出许多笑话。我母亲记忆力却绝好，她说越是以前的事她记得越清楚。我常常想写一个自传一样的东西，苦于人的记忆不真，材料又多散失，于今记了《母亲的话》，觉得也省了我许多话了。

一九四二年八月十二日汉记于月牙山下

一 幼年时代

我是壬申的，生于长沙东乡花果园三字墙屋易家。其实三字墙早给大水冲倒了，改建了一字墙。我爹爹有兄弟四人：大伯叫易经魁，在横冲李云华的机坊里掌本；二伯早死；三伯叫云辉，在家里织绢；我爹爹行四，叫道生，帮人家种田。生我的那年，我妈妈十六，爹爹十七。同治十一年十月十二日晚上，经魁大伯们正和李家的机匠朋友们做会酒。他们喝得醉醺醺的，谈得非常起劲。我妈妈发作了，不得他们出去，还得在伙房里一壶又一壶地招扶他们的茶水。及至附近真人庙打静钟了，他们才回去。到半晚上就生了我。我们那儿是大屋场，住了十几家人家，但都是同族，有事也能彼此招扶。那晚是羽生伯娘子给接的生，庚吾二嫂子替我妈妈做事。

我生下来极得一家钟爱。我祖父大松、叔祖父秀松都还在世，他们也都看得我重。但这是有了缘故的。我祖父共有四子二女。一姑子比我爹爹大，长得很漂亮，嫁到春华山黄家，正月间常和姑爹一起到我家拜年。我小时还见过这位姑爹，他是一个白胖胖的读书人。但我们乡下贫苦人家，因小时养不起，大了赔不起，有了一个女儿之后不大要第二个，多要溺婴的。因此生了二姑子就是这样被浸死了。后来一姑子在黄家也死了。家里女儿尖贵，祖父见生了第一个孙女如何不欢喜？一家人都当作宝贝。后来又生了我二妹就不同了，我母亲因为要做事，带不了，定要把她送给田五驼子家去，我哭着不让送，才算没有送掉。也可以知道乡下农民，特别是女人们的苦处了。

我母亲娘家姓蒋，住在黄狮渡，八岁上就到易家来做小媳妇，但又没有婆婆，只有一位高龄的祖母，不久也就下世了。完全靠她懂事，同伯娘子们相处得好，从她们学习许多鞋头针线、纺纱绩麻的技术。蒋家贫寒，也没有什么陪送的，所以母亲十六岁圆房之后依然挂的是一铺破蚊帐，有许多小洞洞，蚊子可以自由出入。我婴儿的时候，晚上睡觉，母亲见这一头蚊子咬得太厉害了，就把我抱到那一头去睡。我外祖父蒋秉正先生常常来看我们，有时候天晚了在我家住，还帮着点起桐油灯给我们照蚊子，看见帐子上那么许多洞洞，不觉惨然地说："可怜的孩子，你这真是八百眼的帐子啊。"

我爹爹性情不是那么温柔的。对于帐子的好坏从不关心。我们睡的床也是多年的旧床，床脚为给白蚁咬坏了，某晚忽然整个坍下来，我母亲吓了一大跳，赶忙抱着我起来，但我爹爹却毫不在意，翻一个身又睡着了。

后来我大了一点的时候，我母亲立志要腾出工夫来绩一铺帐子。那时候麻价便宜，百几十个制钱可买一斤，一铺帐子要六斤麻纱，也不过一元钱左右。最苦的是没有工夫，因为她除了每天弄三顿饭之外，她得供三伯父一张绢机，每天至少得选八两丝。爹爹和伯伯若看见她在绩麻那还了得？麻篮也早给丢了。因此母女们只能利用洗过澡、洗过丝的空隙偷偷地绩。有时四天才绩一两，断断续续地绩了两年，才算织成了一铺帐子。

有了帐子，母亲又想做一张床。那时长龄大伯时常上椠梨市贩鱼，我母亲脱下一根银挖耳和一双银耳环托他当了三串钱，买了十二三斤棉花。我们母女俩纺纱。经纱要匀净，有接头，纬纱稍有粗细不要紧。因此母亲纺经纱，我纺纬纱。每纺六七斤纱可织三匹布。每匹重的一斤十四两，染成细青布可卖三四串钱一匹。有时托他们拿白布到椠梨市去可换三四斤棉花。三四斤棉花又可织一两匹布。——是这样转几次手，除把银耳环等赎回来还可以赚几元钱。积了几年，也有好几十元了。母亲请周四木匠来家，费了几天工夫，居然新的木床也有了。比起今日小姐们得一个床的容易真是只有羡慕，但是那样千辛万苦得来的愉快和满足，也不是别人想得到的。

我小时候的事记得最真的是从四岁起。那时我有了一个两岁的弟弟。我年纪还小，不大会带小孩。乙亥年七月秋，正在收割之后，我祖父在新筑的禾场里低着头散糯草。二弟从家里去找祖父。我母亲在厨房里烧茄子，发现二弟不在，到处寻找，叫唤，祖父听得也回来了帮着找。我们那儿出角门就是一口大塘。三伯从外面来说："刚才看见一个小孩子掉在石桥下，我当是八伢子呢！"八伢子是二伯娘子的孩子，二伯娘孩子多，常常以此骄人，而三伯还是单身，素来和她不睦，所以这样说。祖父见机，赶忙到石桥下面去找，果然见是我二弟，急忙抱上来按了一阵水，但是孩子小，在水里时候太久，已经不救了。祖父抱着二弟的小尸体大骂三伯父说："老三！你这该死的，你怎么见死不救？你就与二嫂有仇，和孩子们有什么仇呢？现在可报应到自己身上来了。你侄子没有气了，这你可高兴了？"一面跪在禾场里叫菩萨。我母亲见二弟救不转来，惨痛得无以复加。二弟葬在新塘勘上的黄腊园，那儿原有许多小坟。母亲时常到二弟坟上去痛哭，把那儿的草皮都给抓光了。

四五岁的事值得一提的是打稻子的时候跟着许多小孩子去拾落穗。乡下孩子们叫这做"捡禾线子"，常常是小孩们积些体己钱的机会。我记得那时也提着一个小鱼篮子下田里去。因为我沉静，大家喜欢我，也不用我去拾，打稻子的伯伯叔叔们这个一捧那个一握地把谷子送给我。每年也可以积上一斗两斗，再加年节亲戚们送的钱——那些用红绳子穿着的名钱，积到十几岁也积了十石谷子。

因为自己没有种田，经魁大伯的儿子幼臣大哥在姚十驼子家做长工，我爹爹在十八岁那年也曾帮过罗十三爷一年，罗十三爷没有儿子，只养了四五个女儿，所有看牛、喂猪、翻草、晒谷之类的事都让女孩子去做。后来爹爹回家自己种田，也叫我去看牛。这在湘西和两广一带原不算什么，但在长沙是没有这风俗的。况且我那时还小，母亲不肯，和爹爹争执，才算没有让做粗事。但我"七岁麻，八岁纱"的，从来也没有闲散过。

农村生活也不尽是苦的。我们附近花果园真人庙内，每年至少要唱两次大戏。那是四月八日的禾苗戏和七月二十六日庆祝李公真人寿诞戏。我们小孩子除看戏之外还可以吃到一些糖果。

我们亲戚里面原有一位唱戏的，那是今日湘剧界里有名的二净罗元德。原来我们隔房的长脚满伯有一个女儿，我们叫一姐的，生得很美丽，嫁给赵家坊的罗二哥。这罗二哥，小名"千鸭"，许多人说他是"公母人"，大家都想脱他的裤子看看。但后来一姐生的儿子酷肖其父，也是豹头环眼，顽皮无厌。因为亲友中有名伶陈绍益，他就学了二净。在城里极有名气。有时也到乡里来唱，因为这儿是他的老家。

我小时同母亲到过城里几次。第一次是两岁时候，什么也不晓得。二次是五六岁的时候，那时我外婆在王益升的二弟家做奶妈。王益升打"长毛"有功，封世袭一等侯。他的兄弟"王二大人"是个烟鬼，住在藩围后，公馆有三四进。他的太太是个三十几四十岁不到的半老佳人，为人却温雅可亲，生了三个孩子，大的叫王白华，第二个是个哑子。我外婆奶的是王白华。王二太太领我们去游过一次曾公祠。我生的那年正是曾国藩死的那年。因此祠堂起好不久，里面一花一石，一亭一阁，都造得非常精美，还有池水环回，可以行船。

第三次是娶二舅母，我同母亲进城去吃喜酒。我穿的是新制的紫竹布衫，绿竹布裤。我母亲坐轿，我坐车。到了麻石路上车子颠得厉害，等到家我的身上都发青了。再加一早赶路，绿竹布裤子沾了露水都变成花布裤了。二舅母就是李云华的女儿。那位李老太太做上亲打扮得不脱俗，七老八大的还戴着满头翠花，脸上的粉打得像石灰罐。外婆、二舅和我们大家陪她老人家去看王二太太，下楼的时候，她老人家一个不小心，借来的一件宁绸夹袄被钉子从背上撕破了六七寸，可把她老人家急死了。

但最难忘记的是，祖父和叔祖父打架殃及我母亲那次的事。那印象太惨痛了。我们家自祖父以下性情都是非常暴烈的，再加好酒，随便什么事就要闹起来，不管是兄弟或是父子都会相骂甚至相打。经魁大伯从李云华家回来之后，和云辉三伯同住一房。二张机摆在一块工作。他们可以终夜对骂，见了东西就拿起来打人。家里休想有一张好的椅子、桌子，连脚盆、桶子，和煮饭的锅都常常被打破。一次祖父和二叔祖父打架，祖父举起一条扁担去打二叔公，我母亲见来势太猛，急忙去扯住祖父，不想一扁担打在我母亲头上，顿时昏倒在禾场里，血流如注。我和刚来不久的幼哥嫂子跪抱着我母亲哭，但祖父还是不顾一切，拖起扁担去追二叔公。那时我爹爹不在家，二叔公见情形不对，赶忙到金龙寺附近的小河坝去请李香农二先生。香农先生进过武学，有一嘴美髯，是医跌打损伤的名手。他来看了，先替我母亲封住了血。伤口是在斜额上，长逾两寸。香农先生说："再深半粒米就没有救了。"二叔公出了五两银子包给他医，又弄肉汤给我母亲吃，总算把性命救住了。那时母亲若不幸死了，丢下嫂子和我真不知如何办法。

祖父那时将近七十岁了。想做"老公公"。见孙媳妇——幼嫂子结婚三四年没有生孩子也要骂。幼嫂子很胖，祖父骂她"蒙牛婆"，说："我简直要烧点草灰给你退一退油呢。"幸亏后来她到二十岁上一连生了有德、有和、大妹子三个孩子，不然就够她受气的了。

但是，祖父虽然是那样烈火似的人，对我却非常慈爱，不仅没有打过我，连重话也没有说过我，老是"伢子，伢子"地抚爱我。至今我喝酒抽烟都是我祖父当时娇惯的。他一天到晚离不开酒，一端杯子老喜欢招我向前，说："伢子吓，你也来抿一口。"这样我很早就懂得酒味儿。他老人家水旱烟都吸的。一根铜烟袋老挂在墙壁上，套子也没有。吸的时候每每也笑着对我说："伢子，你也来一口吧。"因此我到二十几岁也吸上水烟了。

后来我出嫁到茅坪田家了。从花果园到茅坪有四里之遥，每逢我由家里回婆家，祖父总是挂着一根烟袋杆儿送我到了田家。冲一碗鸡蛋，煨一壶子酒，请他老人家吃了，再抽几袋烟，他老人家就起身回去了，很少在孙婿家吃饭。有一次，记得是七八月间，秋风送爽，祖父又送我回家。到了长港塘高坳上，已经可以看见茅坪的屋子了，但祖父却坐下了，叹了一声气，抚着我说："伢子呀，公公到底走不动了，不能再送你了。"那时祖父已经快八十。隔一年，祖父就去世了。

那年冬天，祖父一起病，家里人就通知我，我赶忙归宁，我爹爹出门去了，家里已经分居，就是我和幼哥轮流看护祖父。我守上半晚，幼哥守下半晚，于是者连一月之久。我过劳，又受了寒，忽然发痧倒地，不省人事，他们急救扶我睡在伙房里。那时祖父睡在厢房，我朦胧中忽然觉得祖父用手来抚摸我说："伢子啊，你好了点没有？"祖父的手和我爹爹的手一样，虽然老了还是柔软如绵。我正要回答，已经听得厢房里有人哭起来了，说："祖父去世了。"我当时还不相信，说："祖父刚才在摸我呢。"——祖父的感人如此。祖父对我好，我对祖父也尽力而为，幼哥主外，我主内，后事处理得十分热闹而有条理。

又祖父生时尽管同秀松二叔公那样极不相能，动辄就要打架，但二叔公死了的时候，祖父依然哭得很惨痛。

秀松二叔公是六月二十二生日。那年正进六十。生日那天早晨，他提一个篮子和酒壶之类到杨泗庙去买东西去了。大家都等着吃他的生日饭。但等到午饭时候还不见二叔公回来。大家有些着急了，祖父四处寻找。有人从梨树港经过，看见港塅上有一个篮子和一些衣服。祖父急忙同大家去找，认得篮子、衣服。有会水的跳下港去，很快地找着了。用门板抬回来放在禾场里装殓，鼻子里流血，腹胀如鼓。祖父见他的同胞死得这样惨，哭得在地下乱滚。邻近的人谁不下泪？二叔公一生未娶，他的被卧和鞋子都是我做的。比起祖父那一代来，我爹爹这一代的兄弟关系还算好了些了。经魁大伯在人家犯他的时候虽然毫不放让，但在平日总是笑口常开。到老来更是蔼然长者，喝酒之外还和我爹爹一样欢喜哼几出戏。三伯为人算是最古怪的了，年轻的时候见了女人就当毒药，若有什么女脚盆拦着他的路，飞起一脚就给踢到粪坑里去了，谁还敢惹他？直到四十几他还没结婚。家里人预备分一点钱给他，要他干脆独身到底。但他主张变了，说："钱是呆宝，女人是活宝。"一定要娶亲。后经大一公说媒，娶了胡大公的妹子，二十来岁，虽不会做活，为人却也很好。三伯自从有了三伯娘子，性情完全变了，居然肯细意地招扶太太，从前看也不要看的女人的东西，现在自己提来提去一点也不厌烦。隔了几年生了一子一女，带到八九岁不幸又都死了。三伯父两老也相继去世。

于今又该回到我母亲的事了。

自从二弟淹死之后不久，母亲又有了孕。一天晚边，她搭一条凳子到柜顶上去取茶叶，但那条凳子是被他们打架打松了的，她站上去，凳子腿散，人跌下来，动了胎气，当晚就小产了一个男孩子，一切完全，就是没有气。一家人懊丧可想。隔两年，到辛巳四月十七，才生了梅臣三弟。那一年二月严寒，大雪之后草木僵冻，坐在屋子里老听得外面的声响。隔壁子田一叔家欢喜到外面弄柴，常常一抱一抱地把冻裂的树枝子给拾进来烧，虽然还垂着冰柱，但烧起来沙沙地燃，毫无湿意。

三弟生，一家如得至宝。我那时已经九岁，因我母亲多病，差不多全是我带他。但梅臣并不健康，每晚啼哭，要我捉猫给他玩或是敲门上的铁环，一晚要起来把六七次尿。每每吃奶的时候忽起痉挛，眼睛翻白，把母亲给急死了，眼泪也不知流过多少。乡下人常玩的"收吓断家"的把戏都玩尽了。但幸亏满三岁后才渐渐好了。我母亲决意让他读书。那时同屋桐门大公在家里开馆授徒，梅臣四岁就入了学，我每天陪他去。他在屋子里念书，我在窗子外面撕麻。他的书念熟了，我也听熟了。有时他不记得，我怕他挨先生的打骂，常常从外面提他。梅臣成绩甚好，但性情倔强，不能受一点委屈。灵官塘有一株夏至桃，是同屋尧臣七爹兄弟所有，那年接的枝，当年就结了一个桃子。有一天枝上桃子不见了，他们定说是我带了梅臣去摘了的，实则完全没有此事。小孩子受了冤枉心里郁愤难平，后来也不知为了什么事竟与尧臣七爹闹翻了。梅臣泥鳅一样地赤着身子站在对门他家的田里，定要扯掉他们一丘禾。七爹知道梅臣是我们一家最钟爱的，怕他掉在水里，又不敢去追他，只得隔着塘用好言语反复劝慰他。许多人又多方做转圜，才把他拉回来。

梅臣出世不久，鸦片烟就有了。桐门大公和尧臣七公都是抽鸦片烟的。我常常抱着梅臣到他们烟铺上看他们抽。起先只有有钱有本事的人才抽大烟，农民和穷人是不抽的。后来锡吾大爷没落了，在码头上抬轿子，终也学着抽起来，或是吞烟泡，据说那样气力足一点。

第二年桐门大公停馆了，梅臣改入对门张家老屋张十二先生的学塾。那年十二月请先生来家吃饭，张先生极口夸赞梅臣聪明，说他前途无量。

我是十六岁嫁到田家的。出阁那天，我母亲之外是三伯父和梅臣送亲。回来之后，梅臣跳起脚哭，说："不该把姐姐嫁出去了。"实在的，自从他出世，整整九年，就没有离开过我。他又最肯听我的话，一旦分手，如何舍得？到了十岁上，梅臣寄到周家坝陈湘波先生处。陈家和我家是世交，湘波五公又是很有学问的。他有一位孙子叫冠石，随他读书，虽然是家学渊源，只是性子笨一点。得梅臣后，湘波先生很器重他。经他的熏陶，梅臣进步很快，我听了也非常安心了。

二　长媳生活

　　我到田家是团上屋里罗恕东做媒。那年是丁亥年（光绪十三年），我十六岁，禹卿十五岁，正在家里读书，迎的是粟雨松先生，我们桐门大公的高足。禹卿是最爱读书的。直读到十八岁才以家贫废学。他不知哭过多少次。但我母亲替我选了田家，却因为田家是久富财主，又加自四言先生以来，田家屡代忠厚、和睦，从不与人家吵架，团总牌甲之类的人不大有机会进田家的屋。公公桂泉翁行四，在诸兄弟中最为能干，但亦以忠厚仁义名闻遐迩。田家那么一个大家庭，子女众多，在公公桂泉翁手里嫁过两个侄女（即大姑妈嫁给竹山屋陈家，三姑妈嫁给乔木湾王茂发），娶过三个侄媳（鸿熙大伯娶陈氏，海环二伯娶罗氏，星楼三伯娶吴氏），家里有出无进，已经扯得很空，恰像一个烂灯笼快要破了。不过因为家里种田、养猪等等人手既杰，公公在外面信用好，扯得动，所以表面上还没有什么败相。公公共有七子，禹卿行五。下面还有三个兄弟。四伯娘子是王茂发二哥的妹子，从小到我家做童养媳的，那时才十五岁，还没有圆房。我来算是娶第一个儿媳妇，仪式甚为隆重。我母亲因为她是八岁到易家的，没有正式举行婚礼，所以对于自己儿女不肯含糊，必须办得很热闹。直到二姑娘出阁都要鸡鹅过礼。那天是九月二十二日，虽则金风送爽，秋意已深，但因宾客众多——约八十桌，当时新娘子还要拜茶，差不多每人磕一个头，累得我满头是汗。

那时我的责任是非常艰巨的。未分居以前，我家大小将近三十口人。大嫂子已死，三嫂子还没有来，四嫂子年纪比我轻，又不大会做事，家里没有请工人，我们除"斟茶煮饭""浆衣洗裳""纺纱绩麻""鞋头针线"等主妇必要的任务以外，还有许多额外的工作，把一个人忙得一天没有一时空闲。但记得那时我同四嫂子她们还养过五年蚕。每天烧过插田饭之后，还得到附近亲友家里去摘桑叶。晚上得换叶子，剔蚕屎，常常整夜不睡。我的手很红，每年收的茧子很好，缫出丝来卖得好几十元钱，交给公公，对于家里经济周转上帮助很大。每年过节，公公总非常欢喜。我至今也觉得只有那几年过得很愉快。因为只有工作，没有生活上的忧虑。公公原配夏夫人死得早，继配胡夫人是永安市横坑的人，因靠近浏阳，胡夫人的话带浏阳口音。胡夫人生七男一女，她老人家却没有乳奶，儿女都是喂粉子长大的。虽则粉子经几蒸几晒，孩子们吃了都长得很肥胖，但一般的寿命不能不受影响。至少比前一辈子要低。姑姑我没有及见，据说带至八个月就夭折了。四伯死时二十五岁，禹卿三十五岁，六叔三十六岁，七叔惨死在江西也不过三十五六。现存者八叔九叔较为长寿，八叔已六十二岁，九叔已五十七岁，但身体亦非甚强。很使人感到孩子们有娘奶吃的幸福和重要。

公公是好客的，到了年节有客人来，以前总是公公自己下厨弄菜，自从我到了田家，家常一两桌酒席我能对付，公公才不下厨了。婆婆不大会女红，所以她老人家日常起居，以前差不多全是我伺候。此外我得帮着招扶年轻的叔子们。记得每年三十晚上替叔子们结辫子、剃头、钉衣皮领，事情做完，天也发亮了。

旧式婚姻给儿女们定下悲惨的运命。三伯非常魁梧豪爽，但对后来娶的三伯娘子的痴肥迟钝不能满意，常常不愿意回家，也成了他后来漂泊生涯的原因。三伯后来客死北平。四伯娘子长得很漂亮，却不大欢喜四伯，因为他是个庄稼汉。她生过两个女儿。第一个女儿生下来也是标标致致的，因为家里没有小孩，大家都欢喜。某夜入睡前还逗她笑，到了半晚上忽然口吐涎沫不救了。大约是睡觉不注意把她闷死了。乙未年生了莲姑娘。莲姑娘生后第三个月，四伯患肺病死了。莲姑娘抱在手里戴孝。那年中国跟日本打仗战败了，乡下也有传言，又兼大旱，数月不雨。四伯虽然病剧，还是扶病去车水。回来时脸上发青，喘不过气。家里见他病势日重，没有法子，只好请道士来"杀夜猪子"，"冲猡"，常常闹到很晚。那样于病何补呢？四伯还没有死的时候，有一天，四伯娘子一面梳头扯脸、一面半开玩笑地对二伯娘子的大姑娘说："姊姊要嫁人去呢。"四伯死后，四伯娘子真要嫁。那时我已怀孕。禹卿劝四嫂子不要嫁，说若生了男的一定先过继给她。但她意志坚决，终于嫁了（嫁到九霞染坊的罗君，生了一子一女，也死了）。

三个兄弟中，九叔年最稚，我去时他才四岁，但他娶亲最早。九婶是罗五机匠的女儿，叫作十姑娘，性情温顺。起先她家住在钱塘湾，后来因为批了我们公屋里的田，就住在我们间壁。所以九婶从八九岁时就来我家了。后来到癸卯年才"圆房"。她来了我也多了一个小帮手。

　　八叔十几岁的时候一年正月玩龙灯染了天花，几乎死了。亏得三伯的丈母娘那边一位吴郎中给医好了，他一个多月没有吃盐，也没有喝茶，后来脸上、屁股上掉下了两大块壳。八叔原长得不难看，时常欢喜在"老爷"（杨泗将军、李公真人一类神道）行香的时候扮故事，比如扮《武松杀嫂》吧，八叔老扮潘金莲，就得找我替他梳头，借衣裳，把我一条绿布裤也给穿脏了。每次行香，一走就是几十里，怎么不脏呢？自从患过天花，他脸上有了几点白麻子，就不那么起劲了。八婶子是罗满爷的妹妹，也是八岁来我家的，娘死得早，没有人招扶，鞋子也不会做。婆婆和罗满爷都拜托过我，得了我的允许才来的。八婶子长得秀秀气气，白白净净，长长的脸蛋儿，十五六岁的时候真像个美人儿。不知如何却得了千血痨，后来病瘦得像一张纸似的。我常常弄东西给她吃。鸡蛋也不知吃过多少。但别样吃法都厌了，我曾用黄草纸打湿，把鸡蛋裹好，放在灶里烧了给她吃。她死时是十八岁。临死的时候清白极了。定要叫我和六哥到床边去，说她自患病以来六哥曾替她求神。五娘子呢，自她到田家起，照顾得她胜似母亲。她在病榻上含泪致谢。我至今想起心里好生惨然。实在我平日替她梳辫子，做鞋子，浆洗衣裳，带亲了她。她死后，我行坐之间总觉得八婶子在我后面呻吟着。回过头去又什么也没有。直到后来田有朋的祖母死了，我到钟家坪去吊丧，有一位李六道士替我画了一道符，凭着这点心理作用算是好了。

　　那位八婶子没有"圆房"，后来续娶的是现在的黄氏。这位黄姑娘已经二十一岁了，也长得很漂亮。她是麻林桥人，嫁过的。那时算是"文君新寡"，择婿甚苟。一次媒人贪财，把她骗

嫁给一位有钱的老头子，心想到了那里勉强成了亲也就没有事
了。那时，他们大张筵宴，正要她"扯脸"拜堂的时候，她一见
新人是一个老头子，气得把他那一屋子的东西都打烂了，花轿也
打烂了，又跑到媒人家里，提了他一把大铜壶，一路筛回来，把
一满壶开水全给筛完了。后来我们做了妯娌，一块儿干活的时
候，时常说起来大笑。因此有人跟八叔说媒的时候，黄姑娘便要
"相郎"。八叔子打扮好了，借了人家一柄新洋伞，腼腼腆腆地同
媒人到麻林桥去做刘备。一相，可就相中了。的确，这位新八婶
眼力不错。至今他们夫妇白头相守，儿孙绕膝。虽则也还要辛苦
力作，总算可以过日子的了。

　　六叔人很能干。我去的时候，他才十三岁。他学机匠是受我
的影响，因为我会选丝，家里人想配合我的劳动力，就让六叔到
团上屋罗恕东那里学织绢。三年出师之后，就在家里自织。那时
才分家，六叔异常勤奋，我每晚选丝常至深夜，天热时我每晚选
过丝还要替婆婆抢一两只麻纤子。六叔时常对人说："我不晓得
五嫂子何以那样没有瞌睡！人家睡了，她还在那儿选丝，第二天
早上又那么早起来煮饭。"但那时一家人都齐心，工作得有意思，
也不觉得太累。

　　一年后，绢生意很兴旺。六叔带了堂弟质卿、罗五舅等做徒
弟，请了粟、罗、殷诸客师，八叔后来也学了这一行手艺，因此
家里一时有六七张机织绢，甚是兴旺。六叔已成了一个"脚色"，
因此，陇那边义方三爷便替六叔说媒。姑娘是彭四公的满女，为
人也非常温厚，从不多言乱语，一来家就做老板娘。但从来管钱
的讨人嫌，六婶也不甚为家里的人所喜。后来六叔几次失败，引

起全家的危机，人家当更怪她了。实则这也只能怪儿子不好，不能单怪儿媳妇。

六叔第一次失败是这样的。他把作坊里第一次的产品，几十匹绢带到长沙去卖。家里人都非常高兴地等他的好音。但隔了许久不见他回来。据说是他卖完了绢去买布，一个不留心，在布铺的柜台上把大家辛苦换得的几百块钱全给丢了。他正在设法追回这笔款。但那有什么办法呢？结果他还是一个光人回来。大家的沮丧可想。幸而那时人心未散，大家埋头苦干，又生产了第二批绢。这次更多了，有一百多匹。六叔又带了这一批绢到九都去卖。大家指望着这次的成功能挽回颓势。但隔了一些时候，六叔带回两袋黄棉花。据他说："一来生意不好，二来又失落了银钱，就买了点棉花回来了。"那小小两袋黄棉花能有什么用呢？再加六叔还带了一点嗜好回来，他学会了抽鸦片烟。家里人看了这情形，怀疑他报告的真实性，大家心里都懒了。从来抽鸦片烟的，都爱吃零碎。弟兄们看见六哥口里老衔着冰糖，就都不耐烦了。八叔织绢不起劲了，机匠们也次第辞退了，人心一涣散，这刚要欣欣向荣的家算完了。乡下人总觉得丈夫事业的盛衰成败是与老婆的好坏有关的。因此六婶子那时及其以后的日子真不好过。六叔死后，六婶也抑郁而死。甚至他们的唯一的孩子寿乔也夭折了。只剩下一个女儿现在也不知在哪里，结局真是太惨了。

七叔九叔继四伯之后在家里种田。那时还请了两位长工，一位是罗满舅，一位是钟二叔。七叔为人懒散，不急性，但极忠厚。七婶姓崔氏，是永安市的人。来的时候田家家里境况尚好，也很热闹。七婶为人温存而稍笨拙。我们分田家坂与陈家冲两处种田的时候，七婶和我们在陈家冲。在那儿她生了头一个女儿，却因晚上瞌睡太大，把孩子给压死了。我们那时还得选丝供八叔织绢，七婶却不会选丝。她有时"治丝益棼"，便有一个干脆的法子，把丝绕成一把，塞在灶里面。一天，我看见灶里面冒出烟来，不知是什么东西，扯出来一看，原来是一把丝，约重一二两。我赶忙代她接，代她选。但后来七叔七婶竟会遭遇比六叔夫妇更惨的运命，却是万万不料的事。那以后再说吧。

三　那时候的做母亲的

在和琼楼三伯分家之后，我们婆媳三个人过得颇为精致。那时，我和四嫂子都还没有生孩子。每天烧过饭，干了些粗话，就换上新衣。家里几间房虽是泥地，却打扫得干干净净，光光润润的，胜似铺了地板。那时琼楼三伯那边，有海环二嫂，最会生孩子，她一连养了三四个女儿（后来她一共生了三子六女），家里整天唧唧哇哇，屎尿满地，和我们这边成了个很好的对照。三伯娘子时常半带讽刺地说：

"你们真好啰。家里弄得清清澈澈。我们那边可就成了育婴堂了。"

她老人家这话里分明在取笑我们叔伯姆不生孩子，而夸耀她自己的儿媳妇。我们气了，偏要把家里弄得更清澈。那时婆婆年纪也还不过四十来岁，我们四嫂子伺候得她老人家衣履鲜洁。那几年我们过得实在惬意，我现在也还想那样的日子过。

但我们不生孩子，可耽误了祖父的曾孙。美华公活至八十六七岁，寿不为不高，但在第一个曾孙出世，就是我生第一个孩子以前，他老人家就去世了。

那是壬辰年正月十五日的早晨。十四日晚上罗满娭毑请我们吃拜年饭，我已经觉得有些不对了。到了元宵那天早晨，阵痛得更厉害。一来呢是初生，二来是"毛毛子"（婴儿）位置歪了，崩了后，十分难产。婆婆坐在我屋子里毫无办法，却敲着旱烟袋脑壳，老对房里人说一些可怕的话。好像某家女人是怎样难产死了，某家女人孩子生下来没了气之类。讲得我心里又是害怕，又是烦躁。我干脆不愿意催阵了，我愿意就那么死去。妯娌们劝慰我，我要求快请蒋五娭毑接生。蒋五娭毑系我们那儿最著名的稳婆，技术高，经验丰富。三字墙屋夏伯娘子生那个猴子一样的女孩子，生了四五天生不下来，后来也是她老人家给接的。她是四五十岁的人，长得非常高大。她来了，至我床边一坐，画了一碗符水给我吃了，我好像就有了把握了。随后她替我端了端肚子，把孩子的位置给端正了。"催"起来了。一会儿工夫孩子就生了。

在蒋五娭毑来以前，婆婆也不知听了谁的主意，用块布裹着秤锤给塞在我的尾脊背上。再加上天冷，没有褥子，在凉席上过了一个月子。我至今有两腿疼痛之类的毛病，就吃的是这时的亏。我母亲很埋怨田家没有招扶得好。她回去之后，给我弹了一铺褥子。但后来禹卿出门，又把这铺褥子给带走了。

孩子生下来又白又胖。公公婆婆得了第一个孙子，不用说是喜欢得很。

三朝那天，亲戚、邻居、自己族上的人来了六七桌人。派去接我母亲的是星楼三哥和业酿酒的另一三哥。也是他们抬我母亲来的。他两个都是长子（高个儿），而且都年富力强，由三字墙屋至茅坪也不过三四里路，却把他们压得汗如雨下。一抬至正堂屋里放下肩来，就连忙嚷着：

"快拿秤来称称看，易家外婆怎么这样重？"

我母亲下轿来脸也羞红了。那时她老人家也不过三十来岁的人，轿子里带了一个八九岁的二姑娘，肚子里还怀着虎臣满弟快要生了。又兼按照当时乡下的风俗，她带了一斗米，几只鸡，几十个鸡蛋，还有十来斤面粉、红糖，——这是做外婆应有的礼物。你看轿子怎么不重呢？

孩子生下来只有十几天，睡在箩里眼睛睁得大大地望人，就像很懂事的一样。在我们家织布的苏公看了他，赞叹着说：

"这孩子太可爱了，好带得很。"

但终于因为我经验不够，带得不好，不到三个月发脐风死了。那时禹卿不在家。他祖父把这孩子抱在手里，眼见他呕吐、喘气，以至不救，悲痛非凡；更不用说做母亲的我了。我为着这孩子，眼泪也不知流过多少。从此以后，我就病了，饮食不思，骨瘦如柴。母亲知道我心里难过，接我回去住了一个月。某次一位须发皤然、惯替人家算命的陈瞎子来了，他替我算了一个命，说：

"你不要急。你是先开花，后结果。你生子要到二十六岁。"

这话给了我一些安慰。后来的事也证明他的话确有些灵验。

禹卿那时在岳州厘金局供职。从岳州回来经过省城，在理问街蒋湘云纸铺遇了二舅，二舅母对禹卿说：

"田五哥，大姐时常身体不好，你何不买些驴膏和桂圆肉蒸给她吃呢？"

禹卿果然买了两斤驴膏，一斤桂圆肉。因为家里人多，吃私房怕人家说话，禹卿就把那些东西带至三字墙屋，交给我母亲。

我母亲把这蒸了一只鸡给我吃了。田五跛子家的七哥也告诉了我一个单方，说是用金线草、荷包草煮鸡或是煮蛋吃了很好。这我也吃了，身体慢慢地就好起来。到了二十六岁果然就生了寿昌。

那是戊戌政变那年一个颇为寒冷的春夜。禹卿到邵阳去了，婆婆陪着我睡。刚睡下不久就破了水衣，流了足足一瓜瓢那么多水。我的肚皮小了，我对婆婆说：

"这一下可舒服了。可以好好地睡一觉了。"

婆婆重复脱去棉裤刚要就枕时，我就"催"起来了。婆婆赶忙起来请隔壁王大娭毑过来接生。这次快得很，到子时就生了。

"恭喜又生了一个男孩子！"王大娭毑抱着小宝宝说。

因为第一个孩子死了，隔了六年才生这孩子，一家人都很宝贝他。他祖父怕这孩子难带，把这孩子寄在观音菩萨名下，做个小徒弟，因此寿昌的乳名叫做"和儿"，就是"和尚"的意思。三朝那天，比第一个孩子更热闹。我母亲也高兴地抱着和儿笑着说：

"禹卿回来大家都不要说，看他知不知道这是他的孩子。"

到三个月上寿昌出奶麻，梅臣也回来了。他那时在城里城南书院（即后来的第一师范）读书。虽则梁启超他们在湖南办时务学堂，长沙得风气之先，梅臣又年轻好动，但他因为爱姐姐，怕姐姐再有什么不幸，一到我家看见和儿有病，也曾亲自替他的小外侄磕头求菩萨。那时他显然还有一点迷信。

和儿说话颇早，十个月就晓得喊"妈妈"。己亥年正月初十，他外婆接他"回窝"，因为孩子长得可爱，一下轿子就给兰芝二哥抱到潜龙河那边玩去了。等了好半天才回，我吓得什么似的。

原来河对岸石坑湾那一带，易家的同族和亲戚极多，兰芝二哥抱他到那些人家献了一次宝。可是孩子倒也没有什么事，既没有受惊，也没有感冒风寒。我们那边玩龙灯从正月初一二起，直玩到元宵佳节。孩子看了龙灯非常欢喜，举起小手喊："打龙！打龙！"

我回娘家也没有闲空的。婆婆固然时常搭棉花来给我纺，娘家弟弟们的鞋也全是我做的。我把寿昌摆在一个破烂的摇篮里面，一边摇，一边工作。虎臣满弟从外面进来，一个不留神，腿面碰在那摇篮上。因为乡下不懂得消毒，烂成了一条槽，隔了许多时候才好。满弟至今还埋怨着哩。寿昌吃奶吃到三岁多，所以他现在身体好。两三岁上时带给叔伯们抱去走人家，在人家一住几天也不哭。回来又吃奶。我那时奶子极多，喂寿昌之外还可以供给隔壁王八嫂的大孩子吃。王大娭毑怕耽误我的工作，每次寿昌吃奶时这一只吃，那一只在滴，王家就用饭碗来接，每天要接三四碗去。但后来生寿康，奶子就少了些了，寿康只吃了七个月奶，就改了吃饭。

我后来又生了两个孩子。壬寅年五月二十九日生了寿康，甲辰年九月十七日生了寿麟。都是王大娭毑接的生，生得也都很快。生寿康的时候，八嫂子、九嫂子都瘫了，睡在过路房里。家里大小事都得我做。那天早上正在切苦瓜，我发作了。勉强请九姆子继续去切，我自己退到灶下去发火。又挣扎着喂了两栏猪，三条狗。我实在不能支持了，赶忙到屋子里一跑，扶着床架，歇了歇，请王大娭毑过来，我就生了。

隔两年怀了寿麟。甲辰年七月梅臣进了学，做相公酒，我回去道喜，在家里住了一个多月。那时幼嫂子去世已经好久了，她是生产死的。她在有德、有和以后又生过一个男孩子，已经满月了。梅臣结婚的时候，她梳了头，搽了粉，打扮得清清雅雅地出来招扶，但忽然又发作起来了，她非常着急，不知什么缘故。有的人说："莫非还有一个？"

赶忙请稳婆来，"催"得更厉害，那天晚上忽然催出一串大大小小的东西，总也不掉出来。这样经过了几个月，总请医生，请法师，求菩萨，凡乡下能想得到的法子都做了，但都无效。有人叫这做"金线吊葫芦"。那样贤惠的幼嫂子就这样送了命。我同她很好，常常去看她。那时我正怀了寿昌，她总是说：

"大姐不要来看我。我这里不干净。"

又定要叫法师替我画一道符佩了。及至我怀着寿麟回家，晚上老觉得幼嫂子在摸我的肚子，把我摸得"唔唔"地叫起来。有时，白天我迷迷糊糊地躺着的时候，也分明觉得幼嫂子在摸着。我害怕起来，又不敢响。因为我母亲胆子小，我若嚷出来，她老人家必然不敢留我在家。而我是那样想在家里赶热闹。我只悄悄地把这事告诉三嫂子。三嫂子终于把这事告诉了母亲。母亲赶忙到花果园真人庙求了一道符，做了一个符袋子给我系在身上，用一乘轿子把我送回茅坪了。到了九月十七日，六叔要"织"新绢，我赶着过了一天"簟子"。上午就破了水，我也没有响。及至天晚，那天炖了一锅牛肉，六叔还要我去舀。我已经不好了。吃过饭，收拾好灶上东西，我到房里去。那时禹卿在家，我说：

"为什么房里不点灯呢？"

"这么大的亮，怎么说没有点灯呢？"禹卿诧异地说。

原来屋子里实在是有灯的。我眼睛发黑，看不见，晕倒在椅子上。家里人见机，公公一时无法，只有点燃香烛求菩萨。我在屋子里迷迷糊糊地听得外面堂屋里鞭炮一响，心里就恍然一开。接着催起来了，不一会儿孩子也顺利地生了。孩子生下来放在箩里睡着，一点也不哭，偶然揭开被卧一看，脸上挣得红红的。

几个孩子都健康。三个中间寿康皮色最黑，有点像梅臣，但他最胖。荞麦湾星阶大爷娶亲，我去道喜。一下轿子，寿康就给抢着抱走了。都说是：

"看胖娃娃！看胖娃娃！"

但寿康小时有流涎的毛病。流涎就身体好，不流涎就病。

寿麟吃奶吃至三岁。丙午年三月中旬禹卿逝去之后，我心里忧急，奶汁少了。再加寿麟眼睛生了五粒白翳，就把奶子给隔了。

我对于孩子们从不肯让他们吃亏苦。但农家生活一天从早忙到晚，没有工夫抱他们，又不敢让小孩离人，通常早晨起床后便把孩子放在祖母的床上。实在那时也只有祖母能给代代劳。寿昌出世后，团上屋罗三叔用草织成一个"狗窝子"送给他，孩子坐下去刚刚合适。后来他三弟五弟也坐过这温暖而稳妥的草椅子。寿昌幼小时，没有生什么大毛病。但一个孩子要长大也实在不是容易的。他一岁多时，一个盛夏的午后，他刚在下正堂屋里扶着摇篮学走路，忽然火热地哭叫起来，汗都哭出来了，问他又不会说话，只把小手伸起。仔细一看，手指上有一点小小的红印子。大家都说：

"莫不是给蜈蚣咬了？"

赶忙到外面扯了一把嫩辣蓼子，原是要用嘴嚼碎，但我实在嚼不下去，改用刀柄捣碎给他敷了，总算好了。

寿昌六岁时，额头上给黄蜂咬过一次，痛得不得了。乡下人也有乡下人的救急法。我们用卤咸蛋的黄泥给敷了一满头。又有一次，是在严冬的时候，农人们多在家里用糯草打草鞋、绳索之类。这先要用榨槌把草捶得松软。寿昌却拿起一把柴刀照着做，一个不小心把左手的食指斫去一小节了。他捧着伤口就往正房里跑。我担心这孩子要破相，还好，叔叔们在墙望角上寻了些蜘蛛网子给他蒙上，指头很快地又长合了。又有一次，那是他七八岁的时候了，寿昌的背上忽然起了一种叫"缠身蛋"的疮。起先不过胁下有几颗。一下子就多起来，从胁下缠到背上了。据说这种疮毒很厉害。若不及早阻止就会缠到胸前，两面合拢，毒气攻心，人就不救。我听了着急得不得了，赶忙照土法用青油灯朝着疮的头尾"打灯火"，算把这疮毒的发展给阻止住了。

寿康受的苦厄较多。一个热天的晚边，我忙着烧晚饭。寿康才八九个月大，没有人领。从厨房到侧屋有一条沟，沟上有一条石桥，桥边摆着一只脚盆。本来正是洗澡的时候，我倒了些热水在盆里，让孩子脱光着身子在里面打着水玩，正觉肉嫩嫩地很是有趣，也许孩子太冲在一边了，脚盆不稳，整个翻到沟里去了。等到我发现时，盆底朝上，孩子在下面挣扎着，已经吃入好几口水了。幸亏发现早，沟里的水又是平日洗衣淘米泼的，还不太脏，不然这孩子准完了。后来我们从茅坪搬到陈家冲住的时候，寿康又受过一次危险。那时也是很冷的冬天，我替寿康做了一件紫色大布的新棉袄。某一天午饭时候，七婶领寿康到塘里去洗菜。不知如何这孩子掉在水里去了，七嫂子拉过一下拉不上来。寿康最初还在水边，后来拉到水中间去了。七嫂子从来是个慢吞吞的性儿，她细声细气地叫着：

"陈家六爹啊！我家三伢子掉在水里了。"

那时我在家里，陈家六爹在屋边菜园里扯草，因为隔得太远了，大家都没有听见。七嫂子见没有人来，急得没有法子，幸亏塘里挑水的跳板搭得远，七嫂子站在跳板的尖端才把寿康拉上来。四五岁的孩子，数九入寒天在水里那么久，别说淹坏，就是冻也冻僵了。七婶把他领进来，孩子成了落汤鸡，新棉袄全湿透了，脸上白得像纸一样。我赶忙替他换衣服，煨姜汤。等他暖过来，我抱着孩子哭了。

寿麟生下来，家里老辈照例替他算八字，那位星相家说他有"千日关"，即到三岁为止不能到外婆家里去。那时寿麟才一岁多，原不敢带他回娘家去。恰逢我二妹出嫁胡家，我母亲要去送亲，家里没有人招扶，叫我回去替她守屋。母亲不知从哪里听来一个解"千日关"的法子，即轿子从后面进，把孩子藏在屋子里，然后到祖宗神龛上取两杯供茶给孩子吃了，就不会有毛病。母亲为着这样做，一早把神龛上的茶杯擦干净，斟了两杯好茶。我的轿子果然只停在幼哥的屋后面。但素来爽快的满弟等我一下轿，就把寿麟一直抱到正堂屋里祖宗神龛前面，端了两杯供茶给他喝了。母亲埋怨满弟的鲁莽。后来寿麟果然发了几天寒热，敬菩萨也不退烧。大家以为"可出了毛病了"。但还好，不久，他就安然无事。一直等到他外婆回来，我们才转茅坪。

老五到陈家冲却真险了几次。某一日早晨我正在屋里洗脸，我招寿麟说：

"孩子，你来洗一个脸。"

那时他还不过岁半，刚会走路，就朝我这面跑过来。

"慢一点，别跌跤了！"

我的话没说完，他已经一跤跌倒在门栏上。陈家新屋的门栏是像刀口似的。我可怜的孩子登时额头上跌了一条大口，可是奇怪没有出血。

其后不久，又有一次。陈家冲山后有一处竹园，枯枝败叶极多，附近又有多量的松叶。七叔夫妇到那儿去扒柴，把寿麟也带去了。回来的时候满脚是血，原来右脚的脚边被尖锐的竹签刺得对穿了。

寿麟害眼睛是在他们父亲死去之后。他的一个眼睛就生了五个白翳，痛得两眼睁不开，每天拉住我的手直哭。后来算是好了，但寿麟的左眼至今吃了很大的亏。

这许多事，每一件在当时都伤过我的心，就是今日追忆起来，也还是非常苦楚。

四　我决心让孩子念书

因为我小时领梅臣读书，常常梅臣没有熟的书我先在外面听熟了，这引起了我对知识的兴趣。后来梅臣补廪、进学，母亲取得初步的安慰，我当时心里曾这样想：

"我若有了孩子，我也一定要让他读书。"

再加梅臣每次从城里回来，总替我们带来许多消息和新的见解，让我们心里也模糊地知道这世界在变。我更加想让孩子追随他舅舅之后，做个读书种子。

寿昌出世的那几年，家里境况实在还好，又兼第一个孙子，祖父以下都把他当宝贝似的宠他。我对于他的保育，做了一个农村母亲所能做的事。他的衣饰物在我们亲戚间的孩子中算是不落人后的。我替他做过一顶青湖绉的狗头帽子，在当时足花了一箩谷的价钱。帽子是满天顶，三镶辫子盘蝴蝶，那时候，时兴纳金花一直盘到耳朵边。两边再各绣一个柿子。还有一大把穗须。孩子长得白净，戴起自来很好看。六婶过门的时候，我又替他做过一顶狮子头帽子。一个青缎子圈翻起两个耳朵，一边安上一个绦子，用红丝线锁一排须子，圈儿上面绣莲花。夏天里另做气搭帽。五六岁的时候，我替他做了一件毛青布袍，绿羽毛挑花领褂。样子是我老远在大坟山六姨妈那儿拓来的。面前是一个"如意"，即一枝草，一个银锭子，一个如意。背后是一朵整必定花。样子极好看，很合二四八月间穿。到热天，我总是让寿昌穿挑白花裤子，纯白的水漂布上一针套一针地锁一线青色的边，挑整瓣的莲花裤脚管。脚上穿镶边云头鞋子。水红湖绉底子，青缎子镶边，用海虎绒做天安头。——我把他打扮成"少爷"一样。所有这些针线，都是我在每天深夜，在正项的活计做完之后偷偷地赶出来的。那时候我"说起天光就是夜"，什么事拿起就做，从不晓得疲倦。兴致也非常高，认真把儿女的事放在心里。

寿昌的性情还算纯顺。他四五岁时，寿康晚上发绕的时候我常叫他起来给我提着灯笼到鸡窝里取鸡蛋，用蛋白给他弟弟荡头、胸和肚皮。他总是很听话的。冬天，他祖父在舂米的房里打草鞋的时候，他也掇一个小条凳学着打草鞋，或是用草心织田螺，静静地一声不响。那时他还不曾上学，可是已经认识几个字，常常用红泥在尿桶边的墙壁上写斗大的"福"字。这孩子对戏剧从小也有很深的爱好。我们农村里流行一种影子戏，八嫂子的姨父向福生就是唱影子戏的。附近农村遇了年节、吉庆，或是还愿，总是他领班子来唱戏。寿昌看完影子戏回来，老是嘴里唱呀唱的，身子也学着"影戏菩萨"的走路姿势。有时偷我们的布壳子学着剪影戏中的人物。向家姊爷来我家时，寿昌老问他讨"影戏菩萨"和玻璃脸子。又用竹纸敷起架子在青油灯下自己唱着玩。我们那边看大戏只有三个地方：一个是隔三字墙屋不远的花果园，一个是在赤石河附近的金龙寺，一个是隔茅坪较近的洪山庙。我做女儿的时候，每年也常常到花果园看戏。自到田家就没有这工夫了。但田家的叔叔们都欢喜看戏，又都欢喜寿昌，每逢看戏，叔叔们总爱带寿昌去。我也给了些钱让他去买东西吃。他一到庙里，因为人小怕挤，老是靠柱头站着呆看。偶然也由叔叔们抱他坐高凳。回家来时他依然把钱交给我，一数，时常一个也没有用掉。不像别的孩子那样，看戏是第二件事，主要的是到戏场里吃零嘴。还有是你问他今天看了些什么戏，他常常能说出戏的情节来。有时还会把衣角展动着，巧妙地戏学舞台上演员的动作。我见这孩子资质不算坏，又很沉静，我让他读书的心思更加坚定。幸亏家里也没有人一定要他去看牛的。那时王家姑爷茂发二哥的染坊开得很发财，从荞麦湾那边搬到"枞榕树脚下"（小地名）了。因为他家里人口多，小孩子也多，所谓"衣食足而后礼义兴"，就在这新屋里起了一学堂，迎了一位先生也姓王，叫王益谦。他老先生是一个不第的秀才，脾气古怪，所以诨名叫"王五憨子"，但教书异常认真。我决心把孩子寄在这里，寿昌那时七岁了，应该让他发蒙了。

"孩子，今天公公送你到王姑爷家里念书去，你去吗？"

"去的，妈妈。"孩子显然非常高兴，我也放心了。我给他穿上新衣。

祖父在祖宗神龛前点起香烛，要寿昌拜过祖宗。但正要领他去的时候，这孩子忽然不肯去了。

"孩子，别淘气！你最肯听妈妈说的，快同公公上学去吧。"我说。

但他还是不去。没有法子，我只得骂这孩子。祖母正坐在火房里吸旱烟，我满望她老人家能说说好话，劝劝他。但她老人家出乎意外地敲着铜烟袋脑壳说：

"这么点点大的小孩，让他去念什么书？白糟蹋钱！"

我心里更加难过了。其实寿昌已经不算小了，梅臣从三四岁起已经在桐门大公那儿上学了，七岁的孩子还能老让他在家里玩着吗？我只得再好好地劝寿昌。结果他才又答应去了。我远远望着老祖父拉着穿新衣的夹书包的孩子过三培桥的影子，心里又是满足，又是忧虑：

"这恐怕是一个很重的担子吧。"我不知如何有着这样的预感。

还好，寿昌自那天上学以后就不再闹别扭了，每天比我们还要经心，不管晴雨没有告过一天假。某次他肚皮痛，我说：

"孩子，你今天可以不去了。"

但他还是去了。早晨去，到晌午回家来，吃过午饭再去。从茅坪到枫榕树要经过三培桥。到了春天，小港里水涨了，石桥常常被淹掉。我们和王家两代亲戚，他们也爱这孩子，担心他会掉在水里，常常留他吃午饭。孩子不愿意，茂兴三伯说：

"你公公给了钱给我，要你在我家搭伙食哩。"

但寿昌还是不肯。我因为反正路不太远，也就听任这孩子的意思。

有一次春水涨了，王家不想他独自回来，王先生也劝他就同他一道吃饭，寿昌固执着不肯。先生气了，他随手用对联上的木档子打他，但他还是回来了。先生原是非常严厉的。王家的那些同学们常常给他打得鬼哭神嚎。可是从没打过寿昌，因为他功课做得好。于今却为着不肯吃饭打他，可知道王先生不愧是一位"憨子先生"了。但先生之所以那么着急，为的是怕这小学生掉在水里，他的意思原是好的。

寿昌没有掉在水里，可是有一次几乎断送在风里。原来茂发二哥家境贫寒，而为人很有才干。他学染坊，出师后就在我们茅坪那屋里开业。我们那时人少，腾了一边屋子给他。他弄了几口缸，几块石头，买了几石土靛就简单地做起来了。慢慢地业务发达起来，茂发二爷成了一个脚色，就由我公公说媒，娶了隈楼三伯的二姑娘。过门之后，家道日兴，租了荞麦湾王雨廷大公的房子大做起来。生意也更加兴隆，"王复兴"三字的招牌慢慢地城乡皆知。接着就开始发行纸币。虽则是"乡票"，但因信用好，王复兴的票子可以进城提盐。这样他就买了枞榕树下的几十亩田和那一栋大屋。这产业原也是我们本家跛子七叔的。七叔子的父亲照庆大公在做牛贩子，在咸、同时代很发了点财，因此他娶了一位南京太太。但后来慢慢地没落了，偌大的祖业只剩了几十亩田，结果落入了这位新兴的染坊老板之手。屋子是大大地修葺了，三字墙加高了，墙上还请高手匠人画了许多《八仙过海》《刘海戏蟾》之类的壁画。大门上有"三槐余荫"等八个大字。到王姑爷那边，也就是染坊所在，也是红地漆上黑字，是"春秋多佳日，山水有清音"，笔致颇为遒健，似乎给寿昌的印象甚深，他时常学着写。但下联这五个字并不写实，因为我们那儿是一片平阳之地，至少在两三里以内是没有什么山水可言的。因为是平阳之地，所以到春二三月刮起大风来无法遮拦。王家这三字墙屋是旧墙上加高的，基础就不大牢。再加那一天刮起了可怕的大风，枞榕树的叶子、枝子刮得满天飞。大路上泥沙也迷住行人的眼睛，屋上的瓦也给吹得掉下来。那时他们正在学堂里读书，学堂是在西边书房，靠近左边那三字墙的。风越刮越大，三字墙也有些摇撼了。一口猛风吹来，只听哗啦一响，王五先生倒也非常机警，一把拉起寿昌往他教书的那张桐木桌子底下一躲，接着那三字墙有一半全坍下来了。满屋子的砖瓦灰烟，看不见人。没有来得及躲的同学们多负了伤。王六哥受伤最重，头都给砸破了，血流满面。寿昌亏着王先生之力，一点没有伤损。姑妈们赶忙过来探问，派人送寿昌回去。我们屋子的后面对着枞榕树屋场，远远望得见。公公听说三字墙倒了，不放心，也派人来看，路上接着寿昌，这样就停了几天学。

那时和寿昌同学的都比他大。王氏兄弟都是阶字排行，如晋阶、福阶等。凤阶是茂发二哥的独子，本预备把他读书的。凤阶大寿昌六岁，那时已经读了几年了。后来就和寿昌一直同学到高等学校。

寿昌读完了第一年，成绩证明了他是一个可以造就的孩子。但我们家里情形已经有了变动了。由于家里人多，我们分两处种田。祖父母、六叔、八叔住在茅坪老屋。我、七叔、九叔搬到陈家冲。因为没有分家，三位叔叔实际上是两边住的，哪一边农忙就到哪一边去。陈家冲隔茅坪有八九里之遥，我到陈家冲，寿昌却因就学关系依然留在茅坪里。那时凤阶到城里洋学堂念书去了，家里没有迎先生，寿昌改到大园里殷家读书。先生也姓王，是一个老八股。学生素质坏得很，专一教寿昌画白虎，偷丝团子。于是墩里这边纷纷传说："寿昌不听说，读书不用功。"我听了非常恶躁，我相信孩子不坏，但相隔太远，管教无人，也实在不放心。我不等那一节完，就把寿昌带到陈家冲。

陈家新屋的前面就是杨怀周八先生家。他家那时正起一堂学。先生也姓王，号绍羲，上杉市人，却是一位饱学先生，教的都是大学生。我通过杨八先生的介绍，想把寿昌托付王先生。王先生要看看孩子。一天，他外祖父来了，我就请他老人家领寿昌去见王先生。王先生当场命寿昌答对，并做简单的文字。这试验算通过了。

在王先生的熏陶之下，不过数月，寿昌的进步非常之快。不仅文字教育方面有了一点点规模，精神教育也有了一些启示。有一天，先生谈到某一些民族英雄。

"假使我们也像他那样的境遇，我们该怎么样？"先生问。

"我们应该尽节。"

先生对于寿昌的回答颇为满意。他拉着这孩子的手，反复地嘉勉他。有时他对大学生讲书，问旁听的寿昌懂不懂。寿昌也能答出一个大概。那些大学生有时还不免埋怨先生忒偏心寿昌。

这以前，寿昌没有到过什么地方。某次，寿昌肚子坏了，在念书的时候把裤子也拉脏了。恰逢杨泗庙的杨泗将军行香，我们邻近成佛庵的某神也动员他的信众和他会合，旌旗数里，枪声不断。这把寿昌的游兴也引动了，他只告诉了王先生就同大队一道走了，到晚边才和菩萨的轿子同回。我知道这孩子有病，很替他担心。回来一问，才知他们一直到了春华山。他第一次出远门，高兴得把什么都忘了，当然病也玩好了。

易德福四爹在杨泗庙开了一个杂货铺兼屠行，生意非常好。他家里人却住在和我们很近的地方，收拾得异常精致。某次他找寿昌写了一副对，对人家说是八岁孩子写的，颇为稀奇。因为他欢喜写字，事情就多了。七月半陈柏松家里烧包，自己来不及写封子，也要寿昌代写。他帮他写了一晚，手也给写疼了。

寿昌到处与和尚、道人有缘。成佛庵有一位彭道人也和寿昌谈得来。他常到他那儿坐。每年春秋两季，这里也唱大戏。寿昌当然是最热心的观众。某次唱《火烧铁头和尚》，绿火满台，用一根绳子捆着一个假和尚，吊在檐边一个弹葫芦上，火彩一洒，把那和尚从天空往台下一弹，随即又收上去，这却把寿昌吓了一跳，到回家去仍有一点害怕。

事情又有变化了。虎臣满弟学了一阵手艺之后，安排到雨生满叔处读书，父亲说：

"何不要寿昌也去那儿上学，舅甥们也有个招扶。"

寿昌九岁那年便同他外祖父、满舅一道从三字墙屋动身，到黄狮渡塅里屋李五姑奶奶家做了满叔外公的学生。

雨生满叔原是田家筱斋八叔的学生，与梅臣同住城南书院的。满婶也是个很端淑聪慧的女性。我也愿意孩子去。梅臣回来了，他到陈家冲看我，送了我十几元。我拿这钱的一部分做了孩子的学费，记得是十二串钱。另由家里打了三石六斗米，算一年的伙食，外加油盐钱，全年六串。这在当时也算不小的负担了。寿昌在这里写文章算"成了篇"，满叔常拿这向我爹爹夸耀。满婶书深字识，满叔不在家的时候常是满婶代课的，她待寿昌也好。那儿虽是农村，因为在浏渭河的支流黄狮渡旁边，风景倒非常清丽，实在是个读书的好地方。他的那些同学们也都是纯朴的少年，比起大园里那些顽童们又好得多了。再加有他满舅在一道，他们舅甥年龄差不太多，志趣也相投。但他们并非完全相同。满弟呢，形貌轩昂，言语爽朗，最喜欢交际，是一个"打口岸"的人物。他到黄狮渡不到一两个月，附近的村庄、商店的大大小小他都熟识了。每天放了学，常常领着寿昌到人家喝茶吃点心。寿昌呢，也许是家境的关系吧，就比较沉静一些，不大和人家说话，但也并非古怪。他和他满舅在一道，正是性格上的调剂。

但变局又来了。

梅臣回来曾问起禹卿的情形。那时禹卿在衡州，事情没有了，困居旅邸，病得很厉害。我非常忧烦。梅臣要我写信给禹卿，要他赶快回来，他可以替禹卿找一点事。我托人写了一封信。没多久，禹卿果然回来了。但他病得实在厉害，耳朵都干了。据他说在衡阳吐过一脸盆血，回来之后也还不时吐血。虽然请医服药，但病势依旧一天天严重。我就把寿昌接回来了，每晚寿昌就在他父亲的床边的平头椅上借菜油灯光读书。禹卿看见了孩子长得这么高大，读书也用功，非常安慰。禹卿病势沉重的那一天，他猛可地爬起来说：

"他们说我这样阔气，你瞧，还摆着荔枝桂圆水哩。"

"谁说？爹爹？"寿昌问。

我拉了寿昌一下。显然，禹卿这时已有些神志不清了。我看了他那样子，又看了孩子们，心里万分地惨痛。我说：

"万一有什么事，我到杨泗庙去买点生鸦片烟吞了。"

实在的，禹卿若死了，我拖起这三个孩子怎么得活？大的八岁，正在读书；第二个五岁，淘气得很；第三个三岁不足，还在吃奶。而禹卿的情形呢，是那样地朝不保夕。以后的事是万万想不得的。一想真叫你肠断。

但禹卿听了我的话，很生气的样子，他摇摇头说：

"不，不，你不要死。你得好好招扶孩子们，你的命比我好，你还有福享。这样的孩子能有几个？"

他心里又好像很明白。承他说了这几句话，我替他忍受了这半辈子的酸辛，抚育孩子们。直到今天，我还不敢轻易放下这责任。

五 禹卿死后

在禹卿卧病的那些日子，我们母子四人一直是和他住在一房的。

丁未年三月中旬的一天晚上，禹卿的神志稍清，挣扎着起来过一次。但到早晨我母子醒来的时候，他就起了痰，六时顷便辞世了。望着他一瞑不视的眼睛，带着刚到学龄和嗷嗷待哺的孩子，我只觉得我头上一阵阵地发晕，眼泪是那样无休止地流。

感谢亲友们的帮忙，丧事办得颇有条理。禹卿的装裹全是青丝织物，一者我娘家婆家都织绢，二者他有三个儿子，怕将来后悔来不及。葬地是我爹爹送的。禹卿去世的那天，寿昌到三字墙屋去叩头，随即同他外祖父回来了。我也向爹爹叩了头。爹爹老泪纵横地安慰我，说一切应朝着孩子们身上想，便送了这块地。地在铜钱潭上藤子冲的山上，那山势远望去好像一条牛，禹卿葬的那地方像牛鼻子。我爹爹说："牛鼻子的气是很大的，孩子们必有发达。"这虽是农民的说法，但我和孩子们怎能不感谢他老人家的好意呢？

送葬的行列由陈家冲出发，转殷家坳，由杨泗庙过河，经三字墙屋左侧，再过铜钱潭的野渡。我们的船还没有靠岸，已经听见对岸的哭声了。

"禹卿啊，你来了吗？我怎么会想到你今天葬在我的山里呢？"

原来我的母亲已经挂着拐杖，坐在岸边一条小凳子上，在那儿等着了。这怎能不叫我更加伤心！上了岸，我抱着我白发的娘哭软了。那时寿麟才三岁，不能走那么远路，是六叔抱着他去的。

湖南乡下的丧礼，葬后再举行虞祭。礼生请的是当时的乡绅黄紫卿先生（湘澄先生的伯伯）和蒋桂臣先生。桂臣先生是东乡有数的通人，他曾代替我写过一首挽词，挂在灵席旁，写得非常哀感挚切。寿昌至今还记得。

葬过三天之后，照湖南乡下的民俗，要到禹卿的坟上去覆土。我请七叔打车子，寿昌等三个孩子也都去了。去的时候甚早，晨雾之中，树叶和雨后一样非常湿润。我哑着嗓子求他在地下给我气力抚养大这三个孩子。

从山上下来，我们在一位熟人家里休息。那是同宗易满公的家。石坑湾里那些人嘴不好，欢喜叫人家小名。因为满公长得不很漂亮，脸上有些疙瘩，被人叫作"易满钻花"。他的前妻死得早，遗有一子一媳，幼臣哥替他说媒娶了蒋家大姑娘做继室。提起这位蒋大姑娘我得说说。原来她是三字墙对门蒋家中屋蒋二公的女。她还有一个妹妹叫作圆姑娘。两个人都是我在家里做女儿的时候最亲密的闺友。绣花或做鞋子呢彼此交换花样，有什么好吃的也彼此馈送。从做小孩起到大了，我们之间一直是好的。

大姑娘后来先嫁给杨泗庙的药铺的彭德士，人也相当漂亮，只是背脊不甚伸吐。他们结婚后生了一对孩子，叫彭六、彭七。彭德士害内伤死了，大姑娘原矢志不嫁，情愿含辛茹苦抚养二子。她曾到田里捡豆子，做各种苦工。彭家族上彭大爷之流也怜其志操，决议提五担公租补助两子的教养费。蒋二公家里也好，也答应资助她。但不知如何，大姑娘忽又幡然变计，一定要嫁，而且不管丈夫品貌如何。起先要嫁给幼臣大哥，大哥妻死之后却无意再娶，才替她与满公说媒。

她的两个儿子都已经六七岁了，不愿意他们的母亲嫁人。但那有什么法子呢？据说当大姑娘又打扮做新娘子的时候，她的两个孩子爬在床架上坐着哭，对母亲丢石头。

娘嫁了之后，两子由他们的伯父彭友大爷收养，后来都成家了。在摘茶忙的时候，或是女人生孩子的时候，也依然接他们的母亲回去。

我们那次到满公家，他们结婚还不久，我因为重孝在身，没有进他们的屋子，只在他们门口坐了一些时候。大姑娘出来招待我们，并殷勤地劝慰我。照易家的班辈说，我得叫她"叔祖母"。但她的嫁人我也是不十分乐意的，我依然叫她"大（dài）姑娘"，她也依然以"大（dài）姑娘"称呼我。后来满公也去世了，他们中间也生一子。她与她大媳妇异常不和，日子过得也不太好，但她身体极健壮，现在不知道还在不在。她比我大两岁，在的话该七十四五了。她的妹妹圆姑娘小时很漂亮，酷肖其母，嫁到铁路塘张家，对我非常关心，每逢我回乡，她必定老远地来看我，谈到舍不得离开，就和我们做女儿的时候一样。现在再回到我们自己的事。

禹卿祭葬完毕之后，叔叔们送寿昌回黄狮渡的学塾，我满叔夫妇和李家的前辈们都多方抚慰这孩子。那时他是独自一个人睡在一间靠教室的厢房里。据他说那房子有双合门对禾场，门是杂木做的，右边一扇有木节脱落而成的小圆洞。那天晚上外面有朦胧的月色，他想起他爹爹死的前后的事情，心里非常凄楚，眼睛总是注视着这个圆洞洞。一阵风吹进来，他忽然觉得他身上发冷，回头一看，他爹爹正和他睡着！孩子一下就惊醒了。灵魂有无虽不可知，但也可见家里的逆境和骨肉的亡故给了孩子们多大的刺激，使他的梦寐都不能安宁。

那时候我也病了。丧事过后的几天，我吐了几口血。禹卿病势沉重时我曾有死志，吐血原也不足害怕，许可以使我迅速跟他一道去。但我有三个孩子，最小的一个还要吃我的奶，看了地下的血又觉得发抖。我那慈爱的母亲听得说了，赶忙接我回家，弄了许多滋补的东西给我吃，这样稍微恢复了一点健康。

在这里，我再谈谈陈家冲的事。

禹卿葬后，陈家六爷也害了病，背着一袋工具恹恹地从城里回来。这位六爷的职业是在作场里替人家洗大磨子的，很巧的他和禹卿出生都是癸酉十一月初六，同年同月同日，只不同时，于今恰好同时害了病，六嫂子忧虑得不得了。但后来六爷的病却养好了，六嫂才放了心。

陈家老娭毑有三个女。长女嫁给乔木湾黄紫卿先生。黄家与我家有亲戚，因此柏松二爷他们叫我"田五婶"。二女秀姑娘出嫁后丈夫死了，带了两个孩子回到娘家，陈老娭毑怜念女儿当然无所谓，但秀姑娘住得太久了，同嫂子们就不免利害冲突起来了。六嫂子最顺婆婆还不说话，柏松二嫂便常和秀姑娘吵架，彼此面红耳赤的，情形很难堪。这些事我看在心里，所以禹卿死后，我纵或回娘家也很少住两个月以上的。

这次，我在三字墙住了一个多月，就回了家。婆婆看着家里人多，难以支持，不如让儿子们各自努力，便主张分家。说是分家，也并非有什么财产可分。茅坪里剩下的一点点田和一所房子由祖父母管理，杨泗庙一带该欠的一些铺账也由祖父负责偿还。儿孙们分得的不过是一些什物器皿。农家有什么好东西？我这一份连桌子也没有分得一张。我当时对星楼三哥诉述我的不平，三哥细声说："急什么，那么些木料，要做桌子尽你的量。"

实在木料我分得不少，但后来也给他们拿去做猪栏去了。另外分得一张破烂柜子和六块楼板（至今还留在八叔家）。拿起这些东西我得养活一家，把三个孩子抚养成人！

我曾到过塅里屋李家，亲见雨生满叔，把寿昌领回来，因为家里境况实在不能不暂时如此。

"满叔，您知道我实在是没有法子，自从他父亲死后，家里又分了……"

"虽然这样，孩子是有希望的，不要让他失学。可惜我的境况也不好，不能全部帮忙。"

满叔的热心高谊我至今都是感激的。他允许免学费，但要我出点学米和每节六串的油盐钱。现在说起来是很有限的，但在当时对于我仍旧是很重的负担。满叔也终于很怅然地让寿昌拿起书包同我回来了。寿昌向大家辞行的时候，他的同学们甚至拉着他的手落泪。

　　分家之后，九叔又发起合伙作田和织绢。有一位赵君介绍九叔们批汤家冲的田约百多担，但陈家冲退下来的批价银子不够尚伙，九叔到我爹爹那里借了二百两银子。八叔织绢缺乏绢丝，而当时我娘家也请人织绢，与城里厚大丝行有往来，九叔又到我爹爹那里拿了一些丝。这些我都没有知道。一天，九叔从赵家坊把我母亲接到陈家冲来，那时是十月天气，已经非常寒冷，母亲坐在火炉边细细地劝我说："儿子们这样小，你一个女人单丝独线的，不靠叔子们帮忙，怎么能支持下去呢？"苦苦地劝我与叔叔合伙。但我一声也不响。及至深夜，我陪母亲到房里睡觉的时候，我低低地告诉她老人家，我的处境非常困难：

　　"我的孩子小，我自己又不能做粗活，合伙失败了不要弄得两面怄气么？必定一头说我小孩子多吃光了，一头又说因为帮助女儿以致赔钱。况且我听得陈柏松二爷告诉我，他说：'田家五婶啊！汤家冲的田，丘小地瘠，上手做的裤子都没有穿！现在的租户，只图那儿房子好住。他是个做棉花生意的，到了新茶上市，他又挂了秤收茶叶，你们可怎么能批那样的田呢？'照情况看，这次是不会有好结果的，回头爹爹妈妈可不能骂我。"

　　母亲也明白了我的意思，但事情算已经做了，我也只好答应同到汤家冲去。

六　新塘桥与汤家冲

那时我最烦心的还是孩子的教育，我决心在任何情况之下贯彻初志。梅臣弟回来了，他同我谈起寿昌，说应该替他找一个好学堂。当时他就给了我十二元，那时候十二元也很能做一点事的。我拿了这钱送寿昌到新塘桥张鼎新家读书。那儿迎的就是在陈家冲杨怀周八公家里教过书的王绍羲先生。送寿昌去的仿佛还是他外祖父。我自己后来也坐车子去过。王先生是教过寿昌的，孩子自然也非常欢喜。但同学的都是大学生，像张氏兄弟、谭梓章君们又都是富裕子弟。寿昌的行李被卧虽也不太坏，但不免是相形见绌的，幸亏王先生很爱重他，张四奶奶人也非常贤惠，同学们也非常和爱。像谭梓章君那样甚至和寿昌异常契好。张家是在新塘桥一个大茶庄里面，两头有木栅。每年新茶上市，这里是个茶业的巨镇，成百成千的乡村妇女们到这里来"拣茶"。熏茶、制茶、装箱等工作也在这里日夜进行。这儿使孩子初次对关系国家收入的大企业和男女工人的集体生活感到极大的兴趣。

因为是湘北一个重要乡镇，这儿曾有外国教士叫人挑起大量的"圣书"到这儿来传道。寿昌在这儿初次遇见外国人，也第一次嗅到洋纸书籍特有的一种石油气味。他也得到几本《马可福音》之类，使他晓得除了他所读的圣经贤传之外，世间还有另一些教条在传播。

十月初二日，我和八叔、九叔他们到了汤家冲，一共住了两个月。

这儿是单家独屋，左右没有什么邻居，房子是好住的。别说正房厢房了，就连洗澡间和猪栏都是三合土构筑的，清洁坚固，普通乡下农家不容易看见的。屋前照例是一大口吃水塘，屋后有山场，松树成林，针叶满地，也有其他修竹嘉木，很是一个好地方。可是田不好，全如陈柏松二爷所说，田丘既狭小，土肉又不肥，灌溉也不方便。一年做下来，收的谷子纳了租之外剩不了几石，然而一家人真辛苦透了。像八婶九婶，都跪在田里帮着杀禾，受了许多罪。

汤家冲的生活中，现在还觉得有趣的是看黎二机匠的娘。黎二机匠是陈五鼻娘子的哥哥，原先在我们茅坪老家里织过绢的，后来不学好，专一在外面游手好闲，欺诈拐骗。他欢喜抽旱烟，定做了一根铁烟袋。在红茶上市的时候，他常去拦路接人家的茶叶却不给钱。他有一子一女，女儿也上十岁了。他没有钱用就把女儿卖到城里，也不知是唱戏还是为娼。后来，连儿子也要卖了。他的家间人出来想惩治他，对他说："这个孩子与其卖掉，不如过继给自己族上，照样可以送你一笔钱。"

这个提议黎二机匠接受了。一天，在公屋里请他和家间吃过继酒。那天八叔子也去参加的。大家这个一杯，那个一盏，把一个黎二机匠灌得烂醉如泥，以后用一个麻布袋把他套起来绑在轿子上，由他两个兄弟抬起，他的母亲跟着，到了一个大塘边，由他母亲亲自动手把黎二机匠推到水里面，一会儿就淹死了。

我们听八叔说起这故事，心里非常难过，很想去看看这位杀儿子的母亲是怎么一个可怕的人物。黎家住的地方距汤家冲不太远，我和八嫂子特别去看过那老太太一次。那是山边一所茅屋子，我们去了她赶忙烧茶吃，年纪已经六十多岁了，生得非常矮小，圆圆的脸，照她的言谈举止都显得非常忠厚老实，不像个杀儿子的女人。我很叹息地问她：

"你怎么下得手的呢？

"人家说我戳了一霉。"

她的回答很沉痛而简单，也不多说话。古人有大义灭亲的，我想真不容易做到，这位乡下老太太却做到了。

黎二机匠的女儿后来据说是在城里学唱戏，他的儿子随祖母住着。他的兄弟黎三后来在木架子冲开了一爿店，发行乡票颇为得法。

那一次我们又由七里冲转到龙骨市去看了一下。龙骨市是个有名的地方，但实在也没有什么好，街道也不长，一点也不热闹。

七 槐树屋与栖凤庐

第二年正月初四，我们四娘崽坐了一辆车子回娘家。那时梅臣从北京搭了六百两银子回来，爹爹买了纯化镇筛塘上面地名叫"锅底塘"的一庄田产。田地不多而山场极宽，林木葱郁，屋子深隐在山谷中，浓荫遮覆，长垣围绕，到了附近还看不见屋子的所在。梅臣嫌"锅底塘"的名字不雅，又因他非常笃于友于之爱，就改名"歌棣塘"。我们那次回的娘家就是这个新的家。

住了个把月，我不高兴回汤家冲去，我便带起寿康、寿麟两个孩子回到茅坪老屋。当时梅臣弟寄了我四十两银子，我请公公代我买了大锅、小锅、炉锅、肩头瓮子之类，又请丁三长子替我打了一个灶。母子三人，在老屋里住了两三个月。

隔壁黄家是我们多年的老邻居。国章二爷是很忠厚的人。他生了三个女儿，叫曾儿、三儿、招儿。二嫂子怀第四个的时候，没有生下来就死去了。她临危的时候谁也不让近她，只要我替她摸肚子，我又无法救她，心里真是惨然。

二嫂子去世之后，国章二爷因无人招扶孩子，他不嫌我贫穷，定要给我一个做儿媳妇，而且三个中间随我拣一个。在我住在茅坪的那些日子，招儿时常过来陪我谈话。我选丝的时候她便替我接"头子"。这孩子那时才五岁，但非常会说话，讨人欢喜。

为着不大感觉食物的恐慌，我拿十两银子向王幼臣满叔定买了十五担新谷。王满叔自己小孩子多，负担重，剩下的谷子实在也仅够自己吃的；但一者青黄不接的时候要用钱，二者他是个最顾信用、最肯帮助别人的，所以到了收获的时候，他将谷子都如数送到我的仓里。那时外公又当了槐树屋梁三娭毑的田，二姑娘的丈夫胡家姨爷作田，屋子也宽敞，胡家姨爷时常到茅坪来劝我去一道住，我母亲也赞成，为的是离她老人家近些，回家去也容易，于是就决计搬到槐树屋去。招儿作为寿麟童养媳跟了我去。

槐树屋隔田家墩相当地远。从武家埠进冲，适当有名的仙姑殿山下。所以叫作"槐树屋"，是因为屋门口有几株合抱的大槐树。我们去的时候槐花乱落，清香扑鼻，很使我们欢喜这地方。

和我们同住的除了胡家姨爷一家老小之外，还有梁家五、六、七公的三家。梁家在以前也是很当过兴的，人口众多，田产广有。但现在却已经没落了。梁大公那时已经去世了，只剩得一子一媳。这位大少奶奶是位很美丽的女人，没有儿子，只生了一个女儿，那时住在省城北门外洋火局附近。我们在槐树屋住的房子便是当日这位大少奶奶住的。梁二公大约去世甚早。三公是一位秀才，所以人称梁三相公，也不幸早去世。遗有夫人和三个儿子，住在隔槐树屋半里而遥仙姑殿下面的栖凤庐。关于四公，没有听得说过。梁五公出外教书去了，我们也不曾见过。他只有一子名立臣，娶了妻，养了一个儿子，疯疯傻傻的，每顿饭要吃十来碗，冬天不大穿衣服而不嚷冷。梁六公也是读书人，但他的文运不佳，他教出来的学生多有进学的，而他老人家却屡试不第，心中非常抑郁悲愤。但他却不失为一个有趣味的人物，言语诙谐，又喜欢唱戏，在那儿住的时候，寿昌回家来，他时常教寿昌唱。六公有三子两女。我们在那儿的时候满爷还是那么细精精的，但后来兄弟三个多先后物故，有一个甚至惨死。他的两个女儿都很漂亮。长女尤艳美，嫁得很远，偶然坐轿子回来，我们看过，她婿家很好。六公死后，次女流落省城。七公为人比较古董，但对我们却很好。他那间书室收拾得颇为精雅，老挂着何绍基写的一副对联，记得下联是"沅芷澧兰无古今"。他有两子，一名兆琨，一名希涛；一女名荃姑。那时荃姑才十一二岁，兆琨、希涛皆未娶，后来听说也都儿女成行了，只是境况都不大佳。

我们在槐树屋住了两三个月。其间，梁三娭毑常常到我们那儿来谈。她满口"大姑奶奶"地称呼我，与我谈得很投机。她那时不过四十几五十不到的年纪。她们那些妯娌们都同她合不来，说她脾气古怪。其实她也是个贤惠热心的妇人。当我要从槐树屋搬到她那儿的时候，梁六奶奶警告我她那位三伯妈不好对付，说："大姑太太啊，你去三天不要起早了。起早了就得吵架。"但我后来在她家里住了将近三年，彼此也没有红过脸。她生平最爱读书人，以前嫁一个姓秦的士人（因为脸上有些麻子，人都叫他"秦麻子"，倒把真名湮没了），生过一个孩子。姓秦的死了之后，她便改嫁给梁三公做继室，也为的三公是读书人。梁三公原配生过两子，长子笛梅学生意，次子秀梅做裁缝。三娭毑又生了一个，叫第梅，原也是学杂货生意的。只有长子娶了一房妻室，生了两个女儿，这大少奶奶原也是温顺妇人，只因其脸上长了一个青疤，不甚得三娭毑的欢心。

因为喜爱读书人，三娭毑对寿昌非常器重。她识字，能读才子书，尤喜读《西厢》，差不多都能背诵。寿昌去了，她就和他高谈《西厢》。寿昌在以前从几个先生读的都是"四书五经"之类，直到见了这位风雅的老太太才接触了另一些书。

三娭毑说：槐树屋人家太多了，太吵闹了，不宜于孩子们读书。而她是独自住着一栋房子，还空着一边没有人住。我们一想，这也好。第二年春上就搬到栖凤庐去了。

这栖凤庐正在仙姑殿直下的一个坡里，地方非常幽邃。三娭毑的名字有一个"凤"字，梁三公在时特为她起了这所屋子。屋子里面当时也收拾得非常雅洁，进门去一所两三丈见方的苑子，种着好几株茶花和天竺。天下雨的时候，听着瓦上的雨声，和着仙姑殿山上传来的钟声，望着那飘坠的茶花瓣，和给新雨洗得更加红艳的天竺子，烧着林间扒来的松叶，喝着山里人家自制的清茶，谈经说史，读文学名作，也实在另有风味。

但我的生活过得并不如此高雅悠闲。

寿昌从新塘桥回来了，同来的有谭梓章们几位同学，我尽量客气地招待了他们。但因没有钱，新塘桥是不能再去的了，在家里过着自修的生活。寿康、寿麟两儿每日到山里打打柴，他们哥哥也尽可能地教教他们，一家生计只靠我十指来支持。当时也有那些好管闲事的"好心人"劝了我许多话，但我决心饿死也不要饭，也不去给人家做佣工。我是选丝的好手，那时米只卖六十个制钱一升，选丝一般是十二个制钱一两，我每天只要能选十两丝，就可以顾得一天的生活。那时八亩田满姑的儿子田仲池大哥怜念我孤苦，老远地搭丝来给我选。我时常也到梁三娭馳那边去陪她谈话，谈到伤心处哭了一阵，又回到自己房里来选丝。在这些时候，三娭馳总是最深切的劝慰者。她也是经过许多痛苦生活的人，她知道一个女人要挣一个独立的生活是多么艰难！

八　葛粉·老虎·及其他

住在栖凤庐的那年春上，祖父又从茅坪进冲来看我们。那时他老人家已经七十几了，但脚力还健。为看两个小孩子，他老人家带来了亲自打的两双小草鞋和一条小扁担。三儿们看见又是感激，又是高兴。因为听说麻林桥豆腐有名，他老人家带起两个小孙子不顾来回三十余里的跋涉，特意去拣了十来片豆腐回来。麻林桥水好，豆腐真是名不虚传的，况又在辛苦奔波之后，更觉香甜可口。一家人愉快地用过午饭，老祖父便独自回茅坪去了。祖父非常看重我这几个没了父亲的孩子，孩子们也非常热爱他们的祖父。每次来了，总是送到他老人家"出塅"才回来，但这次却是他老人家最后一次"进冲"了。

寿康在他们三个孩子中是最精明强悍的。仙姑殿一带的深山虎豹多，但寿康依然很大胆地去打柴。他们以前光着脚丫子上山去，常常给刺得血淋淋的回来。后来他们穿了祖父送来的小草鞋就好得多了。打了柴高高兴兴地用小扁担挑回来。我看了也很欢喜。

有一天寿康在打柴的时候，忽然发现葛麻藤的长得像大山薯似的肥大的蔸子，他掘了许多回来，问人才知道这就是葛薯，可以做葛粉。制粉的法子，把葛薯在石白里舂碎，把粉末用水澄清，便成了细嫩的葛粉。寿康他们这样地做了，把好的送了一些给祖父和外婆，自己也留了一些吃。泡出来很纯净可口，和普通买的葛粉一样，就是没有钱买糖，不甜。

康、麟两儿到山里去，也时常上仙姑殿庙里去玩耍，因此认识王道人，一位身躯伟岸、须鬓浓黑的出家人。后来寿昌回来，尤其和他谈得来，常常到他那儿借书来。他那儿道书之外还有些小说、笔记，像《绿野仙踪》之类。寿昌看书颇快，今天借来明天便送去。王道人不信他看完了，试试盘问他，又都回答得出，因此更敬重他。我也曾到庙里去拜过几次菩萨，但从山下走上半山已经不容易，从半山上大殿要走一百来级的石台阶，在那时的女人们是颇以为苦的。一次附近发生了一次抢案，抢犯被捕伏法，把两个人头挂在戏台前面的松树上，我胆子小，更不敢上去了。

仙姑殿一带原本都是深林密菁，很多关于老虎的传说。栖凤庐前面的坡，据说从前就有猎户与猛虎做过几次的血腥战斗的。我们平日晚上坐在火炉边选丝或是睡觉的时候时常听得野兽的吼声。那像锯陶盆底似的声音便是虎声，可知那附近就在当时也多虎豹的巢穴。有一天我坐在火房里，附近一个熟识的樵夫某君很兴高采烈地抱了一对小虎来到我家，因是他在偷柴的时候发现一个虎窝，母老虎出去了，剩了一对小虎在窝里，全给他抱来了。他很想把它们养大，将来送到省城里可以赚一笔钱。这对小虎有一尺来长，黄色的柔毛，非常可爱。那时，附近的人家听说我家里来了小老虎，都争着来看，一下子我的火房就挤满了人。我二妹也来了，她刚生过孩子，大家怂恿她给小老虎喂奶，二妹不敢。下房王永清的妻子王大娘自告奋勇给它喂奶。不知为何触怒了这小野兽，额地吼了一声，依然不同凡响，把王大娘吓得连忙丢手。还是我冲了一个鸡蛋喂给它们吃了。

但后来据说也没有喂活。喂虎要用牛肉喂，乡下人生活苦，吃猪油都要看日子，怎么舍得买牛肉供养它，结果不久就死了。

因为山里多虎，贵栗坡后面的猎户魏四爷便有过一次大收获。他在山脊的虎行道上（据猎户们说虎在山上有一定的道子的）摆了一个大陷笼，笼后面放一只小猪，上面有着生枝的伪装。饥饿的老虎听得小猪叫就来吃，却走进人类安排的囊括里面去了。夸嗒一响，它被陷在笼子里。陷笼是铁制的，休想逃得脱。第二天起早，老虎被抬到魏家去了，轰动了四乡的人都来看活老虎。那时正在二三月摘茶的时候，茶客们也都拥来了。桐家冲三嫂子原是孙大老爷家的丫头，衣饰在乡下算富有的。她刚从城里回来，也来看虎。那天碰巧我和二妹都在那儿看，那老虎像是很着急地在笼子里来回地走，吐着长长的舌头，流着腥涎。因为看虎的人太多了，老虎感到烦躁，忽然暴雷似的吼了一声，大家吓得往后面一退。三嫂子也吓得两手往前一拍，把对玉钏子全打碎了。

这老虎后来重价卖掉了。魏家尝了这一次甜头，又在岭上装了几支抬枪。一天晚上听得枪响，魏家欢喜得很，以为又打了老虎了，谁知把当地一个李三疯子给打得稀烂了。他晚上回家去经过这岭上，蹭了魏家装的药线。李三疯子没有打死，只是打伤了，魏家里也急忙抬回家去，给他医治调养，足足闹了两三个月。

　　魏家的老虎，寿昌也看见的。他后来曾把这些故事写成一个剧本，叫《获虎之夜》。在他的剧本里，李三疯子变成罗大傻。他至今主张受伤的是罗大傻，但我记得是李三疯子，不知谁是对的。但我这样说，也并非一定主张是李三疯子。他们的姓名是无关紧要的，紧要的是小时候的环境常常给孩子们的将来很大的影响。

九　满弟结婚的那天

满弟虎臣完娶还是我住在槐树屋的时候。那次非常热闹，锣鼓管弦之声把歌棣塘这密林环抱的山家温暖了好几天。

新娘子罗家二姑娘，拜见的时候凤冠霞帔的，非常好看。那时我娘家情形颇好，替满弟说媒的人很多。有的人说何家坡的王家莲姑娘。我也听得说过这位姑娘很漂亮。媒都快要说成了，但满弟却要罗家二姑娘。那是易大麻子说的媒。可是在这些"媒妁之言"以前，他们早就很熟识了。原来我们乡下在过年的时候，农家子弟很欢喜赌钱，满弟便是一个。他在歌棣塘家里，有严格的父亲管着，很不自在，每每趁着年节溜到三字墙老屋和附近的亲友家中去过一些愉快的放纵的日子。因此他常常到潜龙河那边的刘家坪罗家里去。

那是我娘家的祖母的外家。以前当家的是祖母的侄儿罗四公，是一个有名的会做人家的人。他家里有好几百石租，但他儿子多，除了自耕之外，另又租了卢家湾的二百多石田。四公那么大年纪了，还要亲自去照顾两处田地。从刘家坪到卢家湾去，要从我们茅坪旁边经过。在泥烂路滑的时候，老看见四公用小铁耙子背着一个粪箕和一双油鞋经过。粪箕是他预备在路上看见了牲畜的粪便随时收集起来去做肥料的。油鞋呢，就是寒冬冷冻、雨雪交加的时候，也很少见四公穿过，总只见他光着两只过劳的脚丫子在雨雪里一颠一滑地走着。

"大公，您老人家怎么有油鞋不穿呢？路上不好走，打破了脚怎么办？"人家这样问。

"哎呀，你们年轻人晓得什么？油鞋穿破了要花钱修理的，脚打破了它会长起来的。"

他就是这样一个刻苦省俭的老人。他有三个儿子：长行一，次行三，三行七，大约是连弟兄的儿子排行的。这位罗一叔为人非常道义，爱朋友。他有三子四女，长女曾姑娘嫁到李家，二姑娘与圆姑娘正待字闺中。满姑娘，就是后来由寿昌说媒嫁给黄衍仁君的，那时还小。我满弟因为亲戚关系时常到他家去，和二姑娘从小耳鬓厮磨。有时满弟在村子里赌钱要"赶梢"的时候，找二姑娘借钱从不曾打过推辞。这样，满弟更欢喜她了。再加我妈妈知道二姑娘能干，各种活都能做，这门亲事很快地就成了。

但到了结婚的前夜，忽然又出了一场小小的风波，几乎新娘子来了见不着新郎官。

事情的起因是很小的。在大家忙着布置厅堂的时候，爹爹骂满弟对联挂得不合适，满弟也是烈火般的性子，不合顶撞了爹爹几句，爹爹气了，随手拿起棍子就要打满弟。满弟逃跑了，四处找不到。但明天新娘子就要进门，没有新郎官可怎么办呢？一家人着急得不得了。亏着几位亲戚至好一面出来"做转圜"，一面分途去找满弟回来，多方劝向父亲叩头赔不是，这样才算把事情过去了。

那次附近数十里路以内的亲戚乡邻都来吃酒。梁家不用说，连三娭驰家的坡土租户万幼吾的儿媳一嫂子也打扮得俏俏丽丽地来了。她穿一双高底的小红鞋，人们都笑她像踩跷子一样。

那次叫了一班吹鼓手。他们有的是玩票的，都会唱戏。蒋寿钦二舅们素来欢喜玩乐器的，也唱了。我爹爹喝得薄醉，笑眯眯地半闭着眼睛也唱了一出《打金枝》。

寿昌也唱了他梅臣三舅教过他的《马嵬驿》。

那次叫花子也来得很多。第二天开了一桌酒席给为头的几位花子吃了。由他们看门，就没有人敢进去摸东西。乡下人家办红白喜事多有发米的，有些苦人多有扮假要饭的去领米。我家那次是见人一升，足足发了两石米。

第三天早餐后送上亲回家。上亲刚一上轿，司炮的拿起三眼枪向外面围墙那边放了三枪，忽然哗啦一声响，那丈多高的围墙给震坍了一大段。大家非常地不安，恐怕有什么不幸，但后来也没有什么。

十　二妹把冬儿送出去又送回来了

我那次送的贺礼是十串钱。家里原还剩了几串，但因胡家姨爷子有急用，都给他借去了。

这里我想说说我的妹妹和我们这位姨爷。

我妹妹是甲申年生的，小我十二岁。她生性好强，但从她结婚直到死，从不曾舒展过一日。我想起她的事至今难过。她许给胡家也是很偶然的。我母亲为着讨一笔债，亲自去过靠浏阳边界的"大眼条"地方。因为我们易家三伯母的娘家姓胡，是胡大爷的妹妹，家里正住在那地方，我母亲在他家里歇过几晚。那位胡大娘子美丽而贤淑，和我母亲很谈得来。她有四个儿子，大的叫庆阶，那时是十三四岁，长得也颇为英俊。她家里那时做棉花生意，也兼种田、织绢，很不错的样子。后来经松亭五爷的父亲大一公说媒，我母亲就把二妹许给了庆阶了。我公公死的时候庆阶也来做过吊，大家也恭维他"还不错"。不料天下事很难尽如人意，胡家做棉花生意蚀了本，田里的收成也不好，就一年比一年地亏下来了。二姑娘在家里一直养到二十几岁还没有法子过门，这因一来路远，二来我母亲始终不肯草率从事。

到了乙巳年冬月，二妹才出阁，爹爹妈妈亲自送她到浏阳边境。胡家方面虽然是竭力张罗，但已经不大成一个场面了。二妹看了那个颇为混乱的样子，不肯和他们一道吃饭。在爹妈要回来的时候，她哭着拉住两位老人家一定要同回来。但是"嫁出门的女，泼出门的水"啊！怎么能又回去呢？两位老人家只得好言劝慰她，说：

"明年正月接你回门，孩子，你耐烦地过吧。"

二妹哭得像泪人似的，两位老人家只得抱着不安的心情走了。

巴不到第二年正月，二妹回来了。她怀了孕，隔了半年多生了桂伢子。从那之后就不曾回过大眼条的家。后来庆阶也搬来了，在三字墙帮外公织绢。随后夫妻俩搬到刘家坪罗一叔家里住，庆阶织绢，二妹选丝，两口子虽然辛苦，过得也还算不错。二妹待女孩子和男孩子一样宝贝，但也不知道是什么运命，我一连生过四个男孩子，她却于桂儿以后一连又生了润儿、冬儿、圆儿三个女孩子。在那样一个贫苦的家庭，这个不小的负担怎么支持得下呢？

在槐树屋住的时候，冬伢子才得岁半，圆妹子又生了，家里人都怜念二姑娘的苦境，劝她把孩子送掉一个，以减轻过重的负担。二妹哪里舍得？那时河边陈二铜匠家的儿媳妇生了一个孩子又死了，母亲说："陈二娭毑一家人极看得小孩重，又兼孩子没有带得，若是把冬伢子送给他家，一定欢喜。"挡不住别的亲邻也这么相劝，二妹没有法子，只得忍痛这么做。那是一个秋尽的晚上，二妹等其他几个孩子睡熟之后，把冬儿轻轻抱起来，给她洗过脸，换了一身新色一点的衣服，吻着哭着，对孩子说了些抱歉的话，用抱裙给裹好，放在箩筐里。庆阶和他弟弟趁暗夜抬到陈家门前，放了一挂鞭炮就走开了。那时候我们还住在一道，二妹哭着给冬儿换衣服的时候，寿昌也在旁边，他最怜念姨母，极喜欢冬妹的，鼓着嘴反对把冬妹送出去。

"姨娘子，别送了。"

"不送又怎么办呢？寿昌？"

"妈妈，我们领了吧。"他对我说。

"可是我们自己呢？不是也没有饭吃吗？"

寿昌没有回答，他皱着眉头低着眼，在想着什么，他第一次感到人生的无可奈何。

那晚，二妹哭了一整夜。第二天，桂儿、润儿晓得妹妹给送掉了，也啼哭不止，这更引起了二妹的伤心。我一早就过去安慰她。

但隔了两三天，庆阶把冬儿又抱回来了。问起缘由，才知陈家开门接了孩子，看见长得很好看，非常欢喜。经各方证明，也知道是二姑娘的孩子，根底也好，原是愿意带的。可惜她儿媳妇虽然丧子不久，却没有乳奶，恐怕带不好，派人通知庆阶，庆阶无法，才又把孩子抱回来了。

二妹接了孩子，又是悲，又是喜。她决心不管怎么苦也把她们抚养大，这她做到了。后来桂儿到十七八嫁到罗家，润儿嫁到王家，最小一个圆儿嫁给易永年君。现在都已儿女成行了。还是冬儿不幸，在送回来之后不久的一个秋天，传染了她祖父的痢症，一病就夭折了。二妹哭得比生离时更加哀痛。

从槐树屋出来，二妹就回到歌棣塘。庆阶帮助外公种田，二妹又不幸患了足疾，行动艰难，情形更可伤了。然而"皇天不负苦心人"，她却在病中生了一个男孩子，乳名毛儿，这给了她最后的也是最大的安慰。但因为病，她没有乳奶，由亲戚们出钱给她雇了一位干娘谭六娘代养。她的病愈来愈沉重，乡下又没有好医生，有好医生她也担负不起那么大的费用。看着腿烂成一个大洞，流脓不止，人已经干枯了。弥留的时候，她只想把孩子抱回来看一眼，又担心孩子看了她要害怕的。那时候我在省城，寿昌同漱瑜到了日本。我的妹妹没有出得一口气，就那么在娘家的厢房里结束了她的苦痛的一生。

她的鞋子是一嫂子给做的，临终前给她看过。我的命够苦了，却不料她的命比我更苦。

十一　为着几个孩子的前途

为着孩子们的教育问题，我有好一些睡不着的晚上。寿昌在新塘桥的时候我去过一趟，拜会过张鼎新的张四娭馳和王先生。张四娭馳留我吃午饭，她家腊八豆做得极好，糜溶子的，透鲜的，我至今都忘不了。王先生原是极爱寿昌的，他一度想把女儿许给寿昌。王先生住在上杉市。新塘桥回来之后，寿昌有一次老远地到上杉市去看王先生，不在家，先生娘子又死得早，是王小姐出来招扶的，因此寿昌也见过这位小姐，倒是蛮娟秀的。他们也谈得来。但王先生不合去问菩萨，菩萨的签上不主张，先生只好作罢。后来这位王小姐嫁的丈夫也早死了。王先生在城里的绳武学校教书的时候，我们也住在城里，日常去看王先生的时候，也会见过这王小姐。但不久就听说她也死了。

寿昌在栖凤庐的时候找不到学堂，梁三娭馳见我着急，曾主张让寿昌在家里起馆，教教附近的孩子们。但我也知道这不是个办法，寿昌自己也还是个孩子啊。再说，我若贪这样的近功，也不让他读书了，宁可让他种田或是学生意。

寿昌那时虽则未满十岁，但长得颇为高大，不像个小孩。却因拜寄在观音菩萨名下，没有"赎名"，不能蓄头发，给人家笑话他是"和尚"。他从上杉市回来，也不知受了什么刺激，坚决要蓄头发。我只好带他到金龙寺和真人庙去"赎名"。但寿晶的辫子始终没有蓄成功就给他自己铰掉了，因为没有几年就反正了。

那时到处提倡新的教育，改庙宇为学校。枫林港的清源庵也起了一堂所谓"洋学"——初等小学。教员有陈勤初、陈希贤等先生，很是整齐。勤初大公是周家坝陈家的，与我家有旧谊。我父亲极力主张寿昌进那个小学，并且带寿昌去见勤初大公亲加拜托。入学的手续很快地办妥了。寿昌住读，每礼拜日回家一次。那时寿昌的同学有陈家、栗家的弟兄们，他们都是所谓书香子弟。但寿昌在读书上也不落人后。勤初大公教国文，他是一位通人，教法也好，给孩子的影响非常大。因为是小学，文言文之外还有地理、历史、算术等普通科学，陈希贤先生教算术、地理等也极热心，孩子开始断片地接受一些现代知识。清末的小学在某些方面实在比现在的同等学校程度还要高一些。

孩子时常带些铅笔粉条回家，那时他对这些新的事物是多么感兴趣啊。你到处可以看见他用铅笔粉条写的字、作的画，有时他也会操体操给你看。

当时湖南的一些激进的人士多有毁庙宇打菩萨之风。清源庵小学虽然也是庙宇改的，却还维持着与和尚们和平共居的局面。这庙的住持叫传灯和尚，还带有一个徒弟。寿昌老是与和尚道人们谈得来。但这位老和尚却似乎不是什么清高有德的人，他虽然吃斋保素，却养猪、做生意，徒弟也就可想而知了。孩子课余没事也帮小和尚们击鼓撞钟。住读的学生中不少顽皮的家伙，晚上偷着打牌，先生来了赶忙把灯吹熄装睡觉。寿昌幸亏在这方面胆子小，怕受罚，而且家里到底清贫，他一想到一个苦命的娘日夜张着眼睛望着他成人，他也还不敢十分学坏。

清源庵是个大庙，春秋两季接城里班子下乡演戏。名伶陈绍益又恰是枫林港的人，演的戏非常认真，给孩子的兴趣、启蒙上无疑有些贡献。

寿昌到枫林港的时候，我又为寿康、寿麟两个孩子的教育发愁。三四月间我听得说李家公屋也起了洋学，不要什么钱就可以入学，我便带起康、麟两儿和一些锅盆饭甑搬到蒋五爷家里住，因为那里隔学校很近，便于他们走读。我为着添补一点收入，也养了一点蚕子。两个孩子在短短的几个礼拜中间正读得有点上路了，不提防那年夏天忽然发大小，蒋家地势低洼，便首先受灾。当我正弄蚕子的时候，水势陡涨，已经到了我的床边了。我赶忙盘腿坐在床上，不想蒋家那屋子是新起的，没有打稳脚，土砖墙挡不住大水一冲洗，看着摇摇欲倒。正担心的时候，果然墙就倒下来了，幸亏是向外面倒的，不然的话，我们早已没有人了。六妹那时住在茅坪老屋，隔那儿不远，望见蒋家墙倒了，异常着急，赶忙驾起打稻子的大木桶把我们母子三个人接了出来。水退了之后，我搬到"垅那边"，后来也住过田家大屋，两个孩子还是在李家公屋念书。可是我的瘦腕毕竟难以供给两个孩子吃饭，心想让三儿寿康留校继续读书，把五儿寿麟权寄到外婆家去吧。但外婆家指定要换三伢子，因为他年纪大些，可以做些砍柴挑水等事，而五伢子年纪太小，只能吃闲饭。我想既然这样，换是无法换的，率性带这两个孩子都到外婆家去。

十二 "小乡巴佬"进城

寿昌在清源庵读了一年，湘澄二先生们看这孩子成绩还好，主张他进城去升学。湘澄先生在当时算是一个新觉，省城教育界里熟人甚多。他很亲切地写了几封介绍信给王憬和、张道南先生们，要他们带寿昌去考那有名的选升学校。寿昌没有进过城，心里又是欢跃，又是害怕。动身那天，寿昌问我要衣换，我那时恰把他的衣服浸到水里去了。他问："衣呢？妈妈！"

"浸了。"

"对的，妈妈，你放心，我这次一定'进了'。"

孩子从我的回答里得了一个好的彩头，很高兴地去了。

那次进城是同九叔和"裁缝八叔"、佳垅那边的堂权们一道去的。取的是崩塝那条路，到望仙桥打中伙。当时米价便宜，又兼是在湖南，旅客们吃饭可以尽饱。饭铺里盛饭有特殊技术，都是堆得像尖山似的，高出碗面四五寸，但斯文客人可以例外，却是照普通那样平平地盛的。那次寿昌叫伙计平平地盛饭，裁缝八叔们恭维这孩子"有品格"。

他们走近小吴门的时候，裁缝八叔们骗这孩子说"寿昌，第一次进城的人都得拜城，你该拜了。"

寿昌却没有信他们的骗。但当他走近那"长毛"都没有能攻破的一尺多厚的大铁门，进入那又深又黑只远远望见一线天光里杂沓的人烟的古老的城门洞的时候，的确感到一种紧张和威压。城里的事物也引起了孩子很高兴趣。裁缝八叔笑他"乡里人进了城，两眼望不停"，其实这孩子的想法毕竟又和普通乡下孩子有些两样。

第二天，九叔首先带他去见王憬和先生。那是在北正街一所小学里，王先生似乎是那学校的负责人。他们去得早，王先生刚起床，看过湘澄先生的信，赶忙就带孩子到选升学校去。那是一个大学堂，在贡院坪附近，门口挂有慈禧太后的上谕作为教训。从大门到学校办事处要经过很长的走道。左边一间大会客室。孩子恭谨地跟着王先生走。憬和先生一直把寿昌带到学校负责人——那时叫"学监"的张道南先生房里，拿出湘澄先生的信，介绍了。张先生寒暄了几句，立即带寿昌到一间办公室里交给第一位先生去考试。这位先生问了问话，出了一个题目，叫他写了一篇文章，看过了又送给张先生也过了目，说："通过。"立即发了文具和几册教科书，叫人带寿昌去上课。

九叔和寿昌自己都没有想到考学堂会这样快，而且立即上课的，倒有点愣住了。但没有比这更好的事。九叔感谢了王、张两先生，又嘱咐了寿昌几句话就出来了。

在写文章的时候，寿昌看见窗子外面走过的仿佛是些衣着整整、时派十足的学生。虽说是高小，但同学们的年纪有的比他大一倍。及至一走进教室，只见黑压压地挤满一堂，高居讲台上的是一位弥勒佛似的地理教师，后来才知是曹石渠先生。因为已经上课了，教室门一开，许多同学都回过头来看着这土里土气的乡下孩子。寿昌有些窘了。但毕竟是石渠先生的讲义，同学们又都被他谆谆的教诲所吸引了。

城里的学校比起清源庵来毕竟气派不同，教室是那样多，那样高大，讲台上有椅子，黑板可以上下推动，先生用颜色粉条在上面写的字画的地图，美丽夺目，差不多不忍见他随手擦去。下课的时候，人们都一群群地谈话玩耍去了，寿昌却孤零零地站在教室边。他唯一高兴的事，就是从同学中发现了他的表兄王凤阶。凤阶原是他七岁时的同学，现在又同学而且同班。这他怎么不高兴呢？有了他，寿昌觉得有把握得多了。

那时的学制，高小相当于今日的初中，所以选升的先生们都是很好的。前面说的教地理的曹石渠先生之外，教历史的是曹秋庸先生（曹伯韩兄的令尊），教经学、国文和数学的是黄漱泉先生，教音乐、图画等的是黄晓东先生，教格致的是李曙云先生，教兵式操的是一位曹先生，教游戏的是陆启佩先生，教英文的是一位在抚署做译官的，都是所谓"一时之选"。

那是黄漱泉先生上课的那一次，寿昌因在乡下随便惯了，还不大懂得教室里的规矩，忽就在起身吐痰的时候顺口唱起来了，黄先生忙止住他，说：

"喂，怎么啦？上课的时候可不能唱的啊。"

同学们都笑了，寿昌红了脸。有些顽皮的小孩，乘势想欺负他。但在第二个礼拜，黄先生发作文本子的时候，寿昌才引起了同学们的敬意。那时国文先生发卷子的次序是按着分数多少而定的。当黄先生抱着一大把作文本子上堂的时候，同学们都紧张地望着他的脸。及至他第一个叫到寿昌的名字，许多同学都不免惊异起来，从此也不敢太看不起这"小乡巴佬"了。

十三　当时湖南的学风

那时候，长沙的学堂都有一些不同的风气的。比如说，"明德少爷""善化国民""修业叫化""长沙冲突""选升吆喝"，这些诨名常常听得寿昌的那些同学们说起。原因是明德学堂的学生多富家子弟，穿得相当漂亮，所以人家叫他们"明德少爷"。（在此次抗战爆发后，我的孙儿海男由上海回来，也曾在这学校读书过一个学期。）那时徐懋恂先生办善化小学和中学，学风刻苦而进步，徐先生是谭延闿罗杰、晋京请开国会的时候断指送行的名人，学生也有喜谈国事的风气，所以叫作"善化国民"。修业学校是彭国钧先生办的，彭先生和狄昂人先生们那时也是提倡刻苦的，学生布衣草鞋，不修边幅，恰与明德相反，所以叫"修业叫化"。长沙中小学学生，都欢喜起冲突，很多教员先生都被他们"冲"走了，所以人家叫"长沙冲突"。这选升学校原是余子昭先生的堂长，但他很少到校。学生里头多市井子弟，他们欢喜闹，常常一站队就来一个吆喝，所以叫他们"选升吆喝"。也有和"少爷""国民"相比，称他们"选升痞子"的。寿昌是个农家孩子，起初在他们中间自然显得非常"别扭"。

但尽管有这么许多不同之处，当时湖南学生却朝着一个方向走。他们对清政府很不满，想要把中国改革一下。我们在乡下纺纱选丝的时候，已经听得人家念陈天华的《猛回头》了。梅臣弟是甲辰年进学的，那次据说是最末一次科举。乙巳年黄克强先生便在长沙北门设立明德学堂宣传革命。他失败了以后，丙午、丁未那几年几乎年年都闹乱子，常常听得说城里杀革命党。禹之谟之后又是刘道一。庚戌年，三四月青黄不接的时候米卖到百文钱一升，省城里饥民闹事，把岑抚台都赶跑了，把巡警道赖子佩都吊在柳树上打，这些消息乡里也传遍了。乡里人喜附会夸张，说饥民中间怎样有侠客领头，提起一桶桶的洋油在屋上行走如飞，要烧哪里，哪里就起火。寿昌原想去看看这些热闹，但他到城里的时候乱子已经平息很久了，抚台换了余诚格。

但火种还是在那儿燃烧着。选升的先生们差不多都是有新思想的。像教音乐的黄晓东先生，据说把《民报》上的许多文章集起来，私地里给学生看。学校里除《长沙日报》等本地报纸之外，还订了一份上海《时报》。当时《时报》的附报是《滑稽时报》，时常登载一些讽刺时政的文字和图画，如像讽刺庆亲王奕劻的昏庸误国和废科举兴学校以后仍旧保留着科举的实质等等。那时比寿昌高一班的同学像彭梦南、曹典琦、黄芝冈、黄世琨等便模仿这个报，用做算术本子的四开洋纸编成一种学生报，照样有时论，有新闻，有文艺，有插画，在同学中传观。虽是半游戏的东西，但在当时也起了一些作用。而且小时喜欢干什么的，大了也必定干什么，那位曹典琦便是今日的曹伯韩先生，黄衍仁就是今日中央社的黄芝冈先生，黄世琨就是黄醒先生了。

梁启超戊戌前在湖南办时务学堂、南学会，对当时的学生界影响似乎不太大。但因他办的《新民丛报》和《国风报》是可以公开看的，学生中模仿他的文体的可是不少。选升早两班的学生周之龙和寿昌的同班同学杨荦就是学梁的，他们的文章里面也欢喜引用他的话，写着"梁启超曰"。

寿昌在选升上学的时候，闹得最厉害的是反对铁路国有的问题。政府要人受攻击最厉害的是邮传部大臣盛宣怀，湖南方面挨唾骂的中心是曹子谷。当时各学校学生代表曾在长邑中学的寄宿舍为发起此次反对运动开过联席会议。其实那寄宿舍的前面就是巡警道衙门，他们没有敢来破坏，也可见当时民气的高涨了。那次选升方面是用纸扎了一个盛宣怀的头挂在墙壁上，同学们拿起石子朝着他头上打。而最出色的是开会时同学吕恢猷君慷慨激昂的演说。那时《长沙日报》曾有一段记载说："长沙吕恢猷，年十一岁，登台演说，声泪俱下……"实在地，吕君的话引起了很大的感动。同学们里草鞋赤脚地自愿到小吴门外帮助铁路当局修完一段未完成的路。

寿昌当然也是很兴奋的，他也起来说过话。但也毕竟是"乡下人"，说完了话不懂得怎样下来，窘在台上好一些时候才给同学们"救"下来了。

吕恢猷君是吕苾筹先生的侄孙，兄长俩都跟寿昌同学。吕君性情温柔，长得像个弱不胜衣的好女子。他平日在家里也是丫头服侍的，就和贾宝玉一样。口才最好，正义感极强，说到对时局慷慨之处，他依旧是"湖南辣子"。他与黄芝冈兄弟、曹典琦和寿昌最相契好，后来梅臣弟也非常器重他。就可惜他又像颜子似的薄命，才到了十九岁上就病死了，真是一个损失。

寿昌当时的同学中除了吕家、曹家、黄家的兄弟之外，还有两组李家兄弟，一组是李曙云先生的两位公子李翼谋、李富春，另一组是李景生、李冬生和李觉。

此外有杨荜、柳之俊、陈剑五、张伯陵、曹致敬、罗瑞琪诸位。杨荜君入学的时候，据说学监张道南先生点名误把他的名字念成杨牢。因而嘴坏的同学们诌了几句诗，什么"五十先生学问高，分明杨荜叫杨牢"。其实，中国人名字古怪的真多，念错也是常有的事。张先生人却是蛮好的。陈剑五是寿昌在清源庵时代的老同学，周家坝的人。张伯陵是东乡钱塘湾张四娘的崽，就是现在北平辅仁大学的张怀博士。曹致敬那时候还是一位头上戴着银圈子的小哥儿，后来成了长身玉立的曹礼吾先生，却又在抗战中下世了。罗瑞琪君长得甚为韶秀，教体操的陆先生总是要"罗瑞琪出来"示范，后来和许多同学一样又和寿昌在长沙师范同学，但现在不知在哪里了。

十四 "英雄怀汉"

那时高小毕业算是进学，中学毕业算是中举。乡下人真有送报条和做酒庆贺的。但到了后来，大家的兴趣不在这里了。寿昌只穿过一次前清的袍套，那是全体同学到优级师范那边举行一个什么仪式的时候。站队回来，大家都很不屑地把那些"外国衣冠"脱下来，都乱扔丢在操场的地下了。

选升的学生因为多半是本城的，所以除路远的以外住堂的少。寿昌暑假后从乡里进城，学校因为搬寝室把他的被卧、帐子给搬失了，他又不愿到亲戚家去住，只好睡在学校会客室的大炕床上。因为是大热天，到了半晚上蚊子多得实在熬不住，寿昌只得把炕床上的两个大椅垫子盖起来，但蚊子还是向头上、脚上不断地咬。寿昌气起来把炕床打得一片响。工役室里一个同乡的工役听得不过意，起来到会客室叫寿昌：

"田少爷，这么多蚊子，没帐子怎么能睡？到我们那边睡吧，我们那儿有两个铺。"

这样算救了他。他疲倦了，在工役室里呼呼地直睡到天亮。寿昌因此总看得起做工的。他说："只有穷人懂得穷人。"

有一个时候，寿昌和他的表兄王凤阶一道住在学堂对面的聚贤客栈。那时寿昌还真正是一个乡下孩子，有一天晚边，凤阶给了钱和瓶子要寿昌去打洋油。寿昌出门不知向哪里去好，他走到一家米店，问老板打油。老板笑着说：

"对不起，我们这儿的洋油卖起了。"

意思是卖完了。最后才经人指点，得向槽房去打。还有一次，寿昌借了凤阶的钢笔学写英文字。因为不会用，把钢笔头弄断了。他着急得很，赶忙摆在原处，生怕表兄要骂他。但第二天一看，钢笔依然完好如旧。他奇怪得很，疑心他并没有弄坏，不知道是换了个钢笔头了。

那时反抗的潮流很高，学生们只找那些革命空气更浓厚的地方去。许多同学对选升也不能满意。有的劝寿昌们去考修业中学，说那边学校办得怎样有精神。入学试验过了，幸亏还补招新生。寿昌便和柳之俊、陈剑五、张伯陵三位改了名字去投考。张伯陵改名怀，陈剑五改名雄，之俊改名英，寿昌改名汉。事有凑巧，他们四人都被录取了。寿昌第一，伯陵第二，剑五第三，之俊第四，倒过来念，恰巧是"英雄怀汉"。当时同学们多有疑心他们故意这样改名的。其实大家并无成心，都与当时的整个的青年人的心不谋而合，也是奇事。选升学校当局知道他们考了学校，很不高兴，说他们"见异思迁"，把他们除了名，他们就正式搬入修业学校。那时"见异思迁"的原不止他们四人，如像典琦们便到了长邑中学。

修业在当时实在是比较有"精神"的。教历史的先生特别注重近代史。某次谈到甲午战争，先生指出许多政治军事上的失败经验，而用非常动人的话鼓励他们雪耻救国。教兵式操的是蒋葆山先生，他的教法也非常巧妙，能使每个学生像触了电似的服从

他。他对于学生们民族意识的灌输是有功的。除了教大家唱"请
看那印度波兰……"一类的激昂的军歌之外，又时常带起学生去
"打野外"。到了小吴门城外的旷野荒山中，他就对学生们慷慨陈
词，说起中国国耻的由来，改革的为要，常常使这些热血青年们
感动得流眼泪，回来的时候跑步特别起劲，因为都想趁此锻炼好
体格，将来为民族效力。也正因蒋先生能得学生的心，后来学生
军成立，大家都拥戴他做管带。

十五　学生军

辛亥年二月，省城里来的人很多，已经情形有点紧张。到了三月底，大批革命党攻广东的督署，死了好一些人。报纸上载的那些供词，学生们都争得背诵，少年的热血都给鼓动起来了。铰辫子的、穿草鞋的人一天天多了。八月十九日湖北起义。九月十五日湖南四十九标、五十标的新军手臂上缠着白布开进了小吴门和北门，杀了巡防统领黄忠浩、长沙县知县沈瀛。

那天上午寿昌去铜铺巷找他的同学杨荦，杨君邀他到附近去看刚落成的湖南谘议局。在那所新建筑里，杨君谈起欧美的议会政治与中国的将来，当然也谈到报上所载湖北起事的情形，和那几天大家所听到的消息。

"你看这次怎么样?

"这次一定会成功的，只希望干得彻底些。"

"不过中国太老了，坏东西太多了，绝不是短的日月所能成功的。"

两人谈得兴奋非常。从谘议局下来的时候，街上已经闹嚷嚷地说：

"革命党进城了！"

"余抚台挖墙洞逃走了！"

"湖南反正了！"

他们朝着议会东街走，劈头就碰到一些人蜂拥而来，为头的肩着一块木牌，上面贴着革命军安民的告示，年号是"黄帝纪元四千六百零九年"。他们欢喜得跳起来，疑心是在做梦。怎么这样快！而且这样容易！他们又觉得担心。

但无论怎样，这是再好没有的事。街上的人碰见了，不管认识不认识都彼此望着笑。看了手臂上缠着白布的军人，恨不得把他们抱起来。大家实在没有法子表示那时候各人心里的快活。那天，革命军就在谘议局开会，举焦达峰为都督，陈作新为副都督。

听说北洋兵已经逼近汉口了，湖南派王隆中带四十九标援鄂。我们在荆州打了一个胜仗。军政府得了消息，发起祝捷大会。教育会坪里搭了三个戏台唱戏。名伶陈绍益演《血战荆州》，自己扮一个革命军官，看戏的真是人山人海。那晚各学校还参加军民提灯游行大会，千千万万的青年男女唱着：

五千年来，
专制恶毒，
一旦扫而空……

游行队伍就像无数条火龙一般，一直开进老百姓们轻易不敢走进去的抚台衙门。抚台衙门就是那时的湖南军政府。焦都督身穿黄色军服和长筒马靴，站在桌子上对大众说话。灯笼火把的光里，看见他很是英武而中肯的样子，很亲密的印象。那天晚上，情绪的热烈真是从来不曾有过。大家觉得真是革了命了。中国有办法了。

据说焦都督是当时革命党真正派来起义的，他很想做点革命事业，一来就免除了一些苛政，出榜文请老百姓都来说话。因为武汉军事紧急，他想更多地动员民众武力去打北洋军阀，曾经发起组织学生军，预备训练好了就开到湖北去增援去。但没有想到，湖南封建士绅的势力还大得很，他们常常是革命的死对头。不久，焦、陈两都督就被这些阴谋的绅士们给暗害了。后来又给他们铸了铜像，可是因为基石没弄好，那个铜像一直横搁在烈士祠前面的泥地里，没见竖起来。

学生军共招了一营人。连长都是读过书的军人，也有在学校里教过兵式操的。管带后来根据大家的意见换了蒋葆山先生。营本部是法政学校的旧址。寿昌们在营的时候，曾翻出许多印得很精致的法政讲义。

营里的弟兄们都是当时几个中学或高等学校的学生。因为起先招募的用意是真正想让大家到前方去作战的，寿昌和他几个同学也都是以必死的志愿去参加这个队伍。那时候寿昌也不过是刚满十二岁的孩子，却因长得高大，便仗着一股热情也去当兵。他们学术科之外也在教室里上学科。时常有些从前方下来的军官来谈实际作战的经验，大家听了都恨不得立刻开到汉阳前线，把敌人赶出武胜关去！

最泄气的事是练的时候久久不发给真枪。也许是枪少吧，但真实的原因，还是都督换了之后，"爱惜"这些青年学生，不预备让他们真正去牺牲吧。

当省城发生革命之后，乡下谣言很多。有的说焦都督把余抚台赶走，他自己却又被人家当土匪杀了。又说选升学堂也被人捣毁了。又说，湖北的战火打得很激烈，四十九标损失很大，阵亡了好几位官长，省城教育会坪正开追悼会，战马的头上扎白球等等。寿昌又好久没有信来，我住在那样的深山穷谷之中，心里真是着急得不得了。梁家三娭毑平日是最常夸寿昌的，也一样地替他着急，不知这孩子究竟到哪里去了？是不是遇了什么危险？我急得没法子的时候就到山上去找王道人，请他替我敬敬菩萨，保佑孩子平安无事，早些回来。

"大姑奶奶，不用您拜托，我早已天天替寿昌在敬菩萨啦。就我们这纯化镇，那样的孩子也不太多，怎么能有危险呢？想必'吉人天相'，不要紧的。"

王道人是那样恳切地安慰我，实在他是那样地关心那孩子，几乎逢人就说起他的事。

有进城去的人，我总拜托他们打听寿昌的消息，他们到贡院西街老利生去问，胡家一伯娘子说：

"寿昌吗？不久以前来过一次。我说，你公公、祖母，你妈妈都望你回去，你就早点回去一下，让他们放放心吧。他笑了一笑又走了。"

这样我总算知道了孩子没有遇什么危险。后来他来了一封信，才知道他入了学生军。我决计要进城看他一下。

十一月，莲姑娘要出嫁。新郎是省城落盘桥开炭行的潘海涛君（行二，我们叫他潘二哥）。说媒的是莲姑娘的继父九霞染坊的罗七爷。什么都办好了，就是没有适当的人去送亲。因为别的婶婶们不是没有进过城，就是没有行头，这样就推到我。

潘家的招待是很亲切的，但他家的女眷少，只有一位姑妈。我吃过三样菜就起身作辞，理问街我二舅已经派轿子来接我来了。挡不住潘家苦苦留我，便在他家住了两晚才到理问街。一个礼拜之后，我到贡院西街胡家，寿昌得了信也赶来了。他头发铰短了，穿着学生军的制服、皮鞋、绑腿，精神抖抖的，居然是个小军人了。

"怎么不早告诉我？"我责备他。

"因为怕你老人家不让去。"

"真要去打仗吗？"

"当兵自然是要打仗的。"他爽脆地说。

接着他告诉我学生军里的情形。又说伙食之外也还有几块钱零用。他很高兴地呈献了他所得的最初的薪饷，要我买东西吃。我要他留下买些书。他问起两个弟弟，他想他们快点大起来，好一道工作。他那时好像真预备丢了他母亲去干他理想的事业。他写了一个新平剧本叫《新教子》，登在当时的《长沙日报》，是写一位母亲鼓励她儿子去到汉阳参加这次的战争。那分明也是鼓励做母亲的我。但后来南北议和，宣统皇帝退位，时局在妥协中间平静起来了，这支知识青年的部队终于被解散了。这自然使他们很失望。

十六 祖父之死

那次我在城里住了好些时候，他们还不来接我回去。直到年底，九叔才打了一张土车子进城。

寿昌已经出营了，决计随我回家。车子太重了，九叔又不是太有气力的，寿昌就把一根索子锁在车子的前头拉着走，果然快得多了。我们很顺利地到了望仙桥附近，行到一家人家的塘边，车轮子碰了一个石头，九叔叫寿昌使劲拉一把，但他太使劲了，九叔掌不住，车子扑通一声整个地翻到水塘里去了。那是十二月天气啊。幸亏塘边水还浅，我伸手叫九叔来扯，九叔慌了，才和寿昌赶忙把我拉上来，我已经冻得簌簌地发抖，跟三嫂子借的一件蓝缎子皮袄打得透湿了。还好，那天我头上戴了网子，所有金钗和金挑子都没有掉，不然真赔不起。还是寿昌的损失大，他遣散时发的薪饷买的那双皮鞋，却掉了一只到水里去了，再也寻不着。路边那家人家看见有人掉在塘里了，都出来救护。一位年轻的嫂子很亲切地扶我到他们火房里，赶忙烧起柴来让我们烘衣裳。那晚就在那家人家歇了。九叔当天打车子回去，第二天还是抬了一乘轿子来接我。

因为我落水受寒生病，又加是年底了，我们就在祖父家里过年。那是在荞麦湾右边，王保麟的老屋里，以前粟俊昆在这儿开过"益顺乾"油盐杂货行的。我们一直住到第二年正月莲姑娘回门的时候才回仙姑殿那边去。

莲姑娘和潘二哥两乘轿子来到家里，大家欢迎新姑爷和新姑奶奶自不必说。莲姑娘那次是穿一件青缎子夹衫、红裙子，配着她那白玉似的皮肤，真是漂亮得很。当时有人说这衣服可太素净了，新娘子穿不合适。但谁会料到后来真是"红颜女子多薄命"，潘二哥家正疼爱着她的时候，她却患了不治之病——干血痨，奄奄地拖到第二年深秋就夭折了，年纪才不过二十二岁。招儿和漱瑜在她病重的时候同去看过她，结果她们俩后来也是和莲姑娘同样地病死的，这到底是传染呢？还是运命呢？我真替这第二代的女孩子们叹息。

当莲姑娘病重的时候，因没有别的亲人，一有什么变化总是来请我的。我胆子本就小，莲姑娘却非和我脸偎着脸地睡在一起，替她摸头摸肚子。长沙的风俗，女儿死了要娘家送被子的。因此我又替她上了被。我没有生过女儿，但莲儿这孩子可真赚了我不少的眼泪。

公公去世正是莲姑娘回门的那年。

公公的身体原是很好的。住在茅坪的时候，一年夏天，曾在门前坟坪里被发岁的大黄牛用角尖触动了腹部，随后也治好了。只是公公生平爱喝几杯酒，兴致又好，大醉过不知多少次。晚年更不能离酒，每天总得抿几口才能睡觉。从来喝酒的人多患胃病。公公上了六十岁（他老人家是老癸卯生的，漱瑜生那年他老人家做六十岁生日），吃饭就有一点作哽。后来一年比一年厉害起来了，到了六十八九，便成了哽噎症，吃硬的东西都不能消化，把一个好公公饿得都干了。我出墪来看过公公一趟，回去杀了一只仅有的小黄鸡，炖了点鲜汤叫寿康提了，我又从仙姑殿脚下走到墪里来送给公公吃。明知公公那时已经不能吃什么东西了，只能喝一点点汤。但哪怕喝一口汤也算尽了我们做儿女的心。

那次到公公家就一直看护着他老人家没有回去。第二年一月，寿昌为着不收学费考入了长沙师范学校，校长是有名的断指血书请开国会的徐懋恂先生，校址最初在化龙池善化学宫，那是徐先生辛辛苦苦经营出来的。中间里里外外受了许多挫折。后来搬到荷花池泐潭寺的旧址。寿昌在这学校才算走上了一点读书的门路。当公公弥留的时候，很望寿昌回来，因为公公最疼爱这几个孩子，而他又是长孙。但那时寿昌入了长沙师范学校，正在秋季期考。虽然乡下搭信来，说祖父病很厉害，望他回去，但一来为了学校功课，二来他想祖父的病或许不至于那样严重，及至寿昌请假回家，祖父已经盖棺好几天了。长沙风俗，在死了人的时候，常约人家来"唱夜歌子"，就是在棺边挂一面锣，几位歌者一面打锣，一面唱。内容或是赞颂亡者，或是批评亡者的家人朋友，常有非常严厉的。因此寿昌回来那天，虽则抚棺尽哀，到了晚上，唱夜歌子的人还是在歌唱中骂他。那是田三伯，他骂寿昌的意思是祖父那样疼爱他，他不应该不回来送终的。寿昌接过锣槌想辩解几句，但他悲从中来，不能成语，也就算了。

那次赞礼的依然是黄紫卿、蒋桂臣两先生。凑巧梅臣三弟也因革命成功回了家，就请他点主。禹卿是长子，他死了，寿昌是承重孙，点主时要刺寿昌指头上的血。彭六舅给寿昌包上指头的时候我非常担心，但后来寿昌也很镇定，没有嚷痛。

公公正祭那天，不知从哪边山里赶出了一条野猪，逃到我们那附近的荞麦田里，给在我家帮忙的亲戚邻舍们包围起来，用锄头扁担给打死了。晚上大家吃野猪肉，虽然是很新奇，可没有普通家猪肉来得细嫩。

家里本已经走下风。自从公公死后更失了箍桶篾了。丧事结束的那天，几位叔叔和我谈了一次话。晚上在塘边乘凉的时候，莲姑娘和寿昌等几个弟弟谈到家里的事十分感慨。她对寿昌说：

"姐姐是一个女子，没有多大办法。只想下次回娘家的时候家里比现在要好一些，至少还像现在这样。但前一辈子的人都不大行了，弟弟，这只有靠你，发愤读书，替公公争气，替五婶争气。你最大，你看这些弟弟们都望着你，你得领着他们走：你走得对，他们都跟着对。你有办法，他们都有办法。"

莲姑娘从来不大说话的。那晚上她劝寿昌的话，使寿昌永不能忘。现在还记得莲姑娘坐在塘边草地上，一手撑着地，一手在弄着草地，草虫在嘤嘤地叫着。他们姊弟三四人直谈到深夜，夜风有点太凉了，我怕她那单弱的身体吃不住，才叫她们回去睡了。

十七　我的学生生活

祖父丧事结束之后，寿昌回学校去了。我也带起三、五两个孩子再到仙姑殿下的栖凤庐。二月初六日外公生日，我又带起孩子们到歌棣塘拜寿。

那次到的亲戚朋友很多。城里蒋家一舅公、二舅公都来了。钟家坪的田桂祺、桂卿兄弟也来了。那时二舅公开的"蒋湘云"生意正光隆盛。虽则桂祺已经学钱铺，他的兄弟桂卿正在念书，但二舅公也主张他放弃书本子去学钱铺。实在是在二舅公的眼睛里，读书进学校是最迂阔的事，世间没有比商人再好的了。但后来桂祺留了个"金鱼眼睛"的绰号，二十几岁上天逝了。桂卿自从在胡正昌钱号出师之后，正昌也倒了，桂卿也没有弄出什么名堂。

那时，一舅公住在北门外。他的情形比起二舅公来要艰苦得多。但一舅公一家人都是非常灵巧的人。湖南人讲究烧纸钱，一舅公"发明"了一种制造纸洋钱的机器，用锡箔包着硬纸，切成圆圆的像洋钱大小，在机器上压出来，一面都有花纹，一面有"冥国通宝"字样，看起来简直像真的，比起旧式的纸钱要好得多，因此都爱烧这个，生意特别好，外面已经有好几家仿造的了。再则做书夹、做喜花都非常赚钱，简直是供不应求。

他们说，像喜花一类的东西，我也可以学着做的。不比在乡下好得多？一舅公原极关心我的生活，也怂恿我去。我那时实在也没有法子，便决心去了。孩子们呢？寿康，我把他寄在他八九两位叔叔那儿。寿麟，我只好麻烦外婆家了。但那时寿麟也还只有五六岁，他没有离过娘。明知寄在人家不放心，也只好硬着心这样做。我怕他舍不得离开我，我把点点钱给他，要他到他爹爹坟上去挂挂坟，又让他顺便买点纸笔，读读书。孩子是很听话地走了。我想起他冬天没有棉衣穿，就把他老公公分下来的一件织绒袄子请他舅娘子们给他改一件小袄子。但舅娘子们也忙呀，后来才知道他还是穿夹衣过冬天的。

回到栖凤庐，我把家里东西全寄在我妹妹那儿。请大茅屋易四云四舅给打车子进城。经过袁家祠堂，绍云七爷定要留我吃饭，我谢谢他，他送了我一些酸菜、干豆角之类。那次是走水渡河那条路的，五姑娭馳的儿子柳八爷就住在水渡河市镇上，他的太太是团上屋罗五公的女儿莲姑娘。在路上碰了柳八哥，邀到他们家，见了莲姑娘，大家很高兴。但因赶路，匆匆辞了他们。四云人很熬实，走得快，那天到伍家岭天气还早。一舅家在大路边一道长围墙里面，很有些树木。屋子比进去的田面还要低一点。大路上的人声、车轿声都听得见的。他们一家人从一舅娘以下都忙得很。我很快地就参加他们的工作。但我心里时时觉得五伢子在窗子外边经过似的。到了晚边，我忽然对一舅说：

"一舅吓，你听！这是不是我五伢子在哭？

"哪有的事，这是你心里记挂着他。"

一舅望了窗子外面一下，微笑着对我说。但舅舅是懂得我的苦的，他只好拿别的话扯散我。

"明天进城去看看吧。"

那儿在枫树坪的附近。隔北门城有五里来远。不多久，齐家外婆就进城了。

以前梅臣在吉林任职的时候，虽然三嫂子带起才四五岁的漱瑜也去了。但梅臣因为没有儿子，已另娶了一位如夫人叫静懿，虽然姓齐，却是旗籍。以前也寄照片回来过，梳着高高的旗头，戴着扇子面儿，插上一朵大花，穿着窄袖的旗袍，长身玉立地就像戏台上铁镜公主。她有一位老太太，反正之后她们母女就随梅臣南来了。静懿念过书，住在乡下的时候，那样旧的环境，怎么能过得相安呢？寿昌和他的表舅舅寿钦二爷是最同情她的。再加静懿欢喜看《红楼梦》，常常用她那清脆流利的北方话念给他们听，给寿昌后来的影响非常大。寿昌至今还没有过过黄河，许多北方趣味都是这时候培养的。

在革命之后，妇女们也讲究出来做点事了。她们母女在乡下的日子过不惯，也过不下去，就决心上城。静懿到湘雅医院学看护。她的母亲，齐外婆就和我一道入了胜家公司办的缝纫学校。这学校六个月毕业，除了教授一些缝纫技术之外，也意在推销公司的机器。那时十五号圆梭子的大机子要八十元。我以爹爹的帮助交了二十元，其余的六十元当时却无论如何凑不起来。结果机器始终没有买到，连预交的二十元也不肯退。

那学校隔理问街不远。我礼拜天时常到二舅家里坐坐。同学仿佛很不少的，怕有七八十吧。教员都是女先生。也有些学科，但主要的是教我们装卸机器，做衣服，做洋帽子，打枕头之类。膳宿似乎也是由公司供给的。我同齐外婆住一间房。吃饭的时候，我们偶然也添一点菜。那时候齐外婆真能吃，每顿小红花碗可以吃十一碗。有一位马小姐是回教人，年轻漂亮，不吃猪肉，她和我们同桌。我们有一次偷偷地藏点猪肉在她的碗里，她可也吃了。我们暗地里拍手大笑。学校毕业考试的时候，我取了第一。但机器我依然买不起，缝纫算白学了。职业也还是不得解决。而且出来后不久，我尾脊骨忽然生了一个疖子，剧痛非常，穿了六七个洞，人们在地板上走重了一点儿都震得我痛。幸亏二舅公关心我，给我疮口上搽上红心丹，寿崐表嫂在百忙中也招扶我十分亲切，这病后来也算很快地好了。

我住在二舅家的时候，堂叔叔田三机匠来看我。他在织布厂工作，是位能干的匠人，能织各种花样，他见我没有事做，就要我到他们厂里去过纬纱、打锭子。这我可是好手，我打得非常匀净，他们人人争着要我打。这样每天也可以打好几角钱。那时三儿寿康住在塅里叔叔家，我搭了几元钱回去给三儿做衣裳，但人们都穷，也不替我的苦楚想想。后来我问三儿时，他说从没有人提起过这事。

十八　寿康的学手艺

从织布厂我又回到伍家岭一舅的家里，依然帮着一舅做喜花之外，也帮人家缝些衣裳。一舅的邻家杜十公为人甚好，他是种菜园的，每日绝早挑菜进城，卖完菜带些油盐米回来。老夫妇两个单生一个女儿叫友姑娘。那时候友姑娘是十六岁，看给了另一家作菜园的，快要出阁了，我就帮着她做"嫁衣裳"。

有一天，我到臬后街（俗名"围墙背后"）去看过五姑娭毑女儿细姑子。姑爷姓李，在臬围后开一爿翠花铺。他们正想带一个徒弟。我谈起寿康现在寄住在乡下九叔家里很不放心，她说："何不让寿康住在我这儿来呢？"

我想这何尝不好，便搭信到乡里去要寿康到城里来。

这儿我想说说寿康的情形。

起先，寿康、寿麟两儿都住在外婆家里，帮着做些零碎事，虎臣满弟想让寿康学一点手艺，就把他介绍到歌棣塘附近的郑六木匠做学徒。郑六木匠在那边乡里也算蛮有名的。但乡下木匠平日没有人叫他做工的时候，还是一样地种田。因此寿康刚去的第一个月，差不多全在田里翻白水粪，或是在他家里挑水打杂，根本就没有学到木匠上面去。有一天早上说是要到坳上某家去做工夫，郑六师傅和他的兄弟衔着旱烟袋先去了，要寿康挑担子去。木匠担子都是斧头、凿子、锯子、刨子一类的笨重东西，怕少也有六七十斤吧。寿康那时才十一二岁，怎么挑得起呢？但师傅的命令，只好勉强压到坳上屋门前。乡下恶狗多，他又怕狗咬，好容易到了工作的地方。吃过饭，开始砍木。郑六师傅叫三儿说：

"喂，把五分凿给我拿来！"

但关于木匠工具的称呼，从来没有教过的。寿康不知道什么是五分凿。他站在凿盒子前面呆住了，又不便问。师父催着说：

"拿来呀！"

寿康只得把一大一小的两支凿子拿到师父面前请他选。师父就骂起来了，说这家伙怎么这样蠢，连五分凿也不晓得。寿康挨着骂不敢响，但他心里想，明明一个多月以来从没教过他木匠方面的事，怎么能怪他不晓得呢？没教过的当然不晓得，怎么能算蠢呢？后来他才知道，当日师傅学徒弟也就是这样的，今日轮到他给人家苦头吃了。

几天之后，郑六木匠带起三儿到了歌棣塘，婉转地对满舅说："满老爷，令外侄聪明是很聪明的，就是年纪到底太小，工夫做不动，不如学学轻松一点的手艺。要不，等过一两年他长大了，再来学行不行呢？"

这样，三儿算又回到外婆家了。

寿康在外婆家老是挨骂，每天吃过晚饭大家坐在火房里的时候，寿康老是藏在角落里，怕引起人家的注意。但每次都给人发现，给他一些批评，这样一定又引起他外祖父母一连串的告诫，告诫中必定提到庚吾二舅的细箩，说他跟寿康一样大，却是怎样地懂事、积家、能做事。原来庚吾二嫂子生过很多孩子。头两个叫金伢子、玉伢子，都夭折了。她恐怕是名字叫得太贵重了，第三个便改叫三伢子，带到三四岁上淹死了。第四个率性叫"狗伢子"，为的贱，容易带，不知如何也死了。再加庚吾二哥到中年大病了一次，两手发抖，二嫂子难过极了，一气到城里去给人家做了几年工夫。回乡之后，却又生了个女儿，她想女儿也好，只要能带得大。乡下人每逢儿女难养，多有钻灶钻箩的。钻灶是把锅取下，把孩子从灶上进灶口出。这孩子算不是父母生的，而是灶生的。钻箩是把箩筐凿穿，把孩子从箩筐底下接出来，这样也就算是箩筐生的了。所有这些花样都为的可以骗过"阎王爷"。后来果然这箩姑娘很好养，没有什么三病两痛。到四十二岁上，二嫂子又生了一个男孩子，他们夫妇高兴得不得了，赶忙也照样做了。因为都是箩生，姐姐改叫"大箩"，弟弟便叫"细箩"。这细箩是他们中年的独子，极受一家钟爱，他也有他母亲的气象，小时的确是非常攒积。我爹爹妈妈也极看得起他，把细箩当作了儿童中的模范人物。寿康很是羡慕他。自从他学木匠失败以后，情形是更坏了，外公把他骂得非常厉害，连胡家姨爷子也跟着一道骂，有的甚至主张把三伢子关起来。寿麟那时虽不过六七岁的孩子，看见他三哥那样挨骂也受不住，他拉他三哥到外面说：

"三哥，大家这样，外婆也没有法子。你在这里怎么住得下去？你就出塅去吧。我一个人住在外婆家或许不要紧。"

那样三儿就决心离开歌棣塘了。他也不敢对外婆说，只偷偷地告诉了一下姨母。姨母是懂得孩子们的境遇的。她说：

"孩子，我也很难过，你就暂时回你娭毑那里去吧。"

五伢子送他三哥直到后山，寿康也含着眼泪嘱咐他弟弟说：

"五弟，你晚上就少出来坐，早点睡，也免得挨骂吧。"

他们兄弟很难过地分了手。因为走后山是从铜钱潭那一条路出墪，他想起该到他爹爹坟上去看看，虽然没有钱买香烛，孩子很诚心地趴在半山上他爹爹坟前磕了几个头。心里又想倘使爹爹在世，他又何至如此？便不由得哭了。

从铜钱潭过河，他到了三字墙。那时他伯外公还没有死，见了他便和蔼地问长问短，留他吃饭。寿康忽然想起细箩那位模范儿童来了。

"他如何那么好呢？外公他们如何那样恭维他呢？"

他虽然从小认识细箩，那天却特意地想看看他，学习学习他的好榜样。他到庚吾二舅母家，见了那位手发抖的二舅，细心地观察了他的家，他的桌子，他的床帐，他的厨房等等，觉得也没有什么特别的地方呀。最后细箩也回来了，细看他对他那位殘疾的父亲也是那么大模大样的，并无特别孝顺的地方，心里实在有些纳闷。

其实细箩原有他值得称赞的地方。他小时没有我三儿那样淘气，凡事能替他家里想，外边有什么东西总是带回家来，平常粪箕耙子不离手，见了狗粪就捡回来，为的是一面可以肥田一面也可以卖钱。这一点就是三儿万不及他的地方。三儿无论如何不肯去拾狗粪，他怕臭，为着这，他情愿挨打挨骂。

我爹爹平日最夸细箩，除了细箩进冲来他老人家亲自教他读书写字之外，后来还特别把租给幼哥的田退出来租给细箩种，直到今天。

细箩后来娶了德幼五爷的女。这位细箩嫂真是太好了，治家省俭，孝顺翁姑，都没有话说。她又会生小孩，几乎一年一个。四个孩子死了一个，还有三个。同时她又十分疼爱她丈夫，她有什么东西情愿自己和孩子都不吃，省下来给她丈夫吃。只可惜细箩长大了，不像他以前那样事事可以做模范。他挺欢喜牌赌，见不得牌，简直给牌迷了，时常把家里的猪卖掉了，把钱带在身上就去打牌，几晚不回家。庚吾二嫂子和她的媳妇为着这时常四处找他，也不知同细箩闹过多少次。可惜细箩始终习气难改。

这都是后来的事，于今再说回到寿康。那天，他在他伯外公那儿吃过午饭，就一直回到田家坂他祖母的怀中了。

直到第二年过年的时候，寿康才又回到歌棣塘去给他外公、外婆和舅舅、舅母们拜年。

那是一个严寒的早晨，山上盖着很深的雪。三儿刚走到塘边的时候，五伢子就看见他三哥了，他老远地喊：

"三哥！三哥！"

但三儿一看见他的弟弟，他的眼泪就雨一样落下来。原来他弟弟还穿着一件薄薄的夹衣，正在雪地里剥白菜了，光着的脚丫子在北风里冻得快裂了。他赶忙挈起菜篮代他剥，说：

"五弟，你先进去吧。外面冷，我剥好了就带进来。"

那天三儿拜过年，在外公家里吃了一顿中饭就回坂里了，一路上他的眼泪没有干过。

从那之后，他一直住在坡里，跟着他年高的祖母在八叔、九叔家里"吃轮供"，就是八叔家里吃些日子，又到九叔家里吃些日子。

他九叔的境遇也是很艰苦的，同样操心着他侄儿的职业。一天，九叔回家来对寿康说：

"三伢子，你把衣服预备好，明天我带你学手艺去。"

当然也没有告诉三儿将学什么手艺。那天晚上同祖母睡了，第天一清早便跟着九叔出去。走到三官堂土地庙的时候，碰见了一位工匠打扮的中年人，九叔赶忙对他招呼。他叫着说：

"王六师傅，早啊！我正要上你府上去，不想这里碰见。昨天我不拜托过你的吗？这就是我五嫂子的三伢子。"九叔回转头指寿康对他说。

这位王六师傅看了看寿康，说："好吧。"九叔又对寿康介绍说："这是师傅。"

随即他又问这位师傅，说：

"那么，王家六爹，马上请你带他去好吗？"

"好的，好的。"

王六师傅点了几点头，九叔交代寿康几句话就走了。寿康还是不知道学什么手艺，只得跟着王六师傅走，一直走到枞榕树脚下"王复兴"的工房，那是王茂发姑爹的家，从上至下的都认得寿康的。他们诧异地说："你怎么学了泥水匠呢？"

这时，寿康才知道他已经是泥水匠学徒。他虽认识姑爹家所有人的，只低着头，不跟他们打招呼。吃过早饭要开始工作了，王六师傅要他上屋去捡瓦。姑爹家的工房是很高的，平常十一二岁的孩子怎么敢上去？但寿康也不知道害怕，拿出他平时在冲里上树上竹子的本事，很快地就爬到屋上了。底下的亲戚们都赞叹着说：

"这孩子恐怕是天生吃这碗饭的吧。"

王六师傅见寿康上下自如，也问他：

"你上屋害怕吗？"

"这算什么！我在冲里上树上竹子，有的比这还高几倍呢！"

王六师傅笑了一笑。

吃午饭休息的时候，许多打布的从城里下乡，到染坊里来谈起城里事，寿康才知道了我要他上城的消息。他一声不响，只等天黑。吃过晚饭之后，王六师傅要寿康同回家，寿康对那位王六师傅说：

"我要回去拿两件衣服。"

"好，那么你早点回去，明天早上早点来。"

回到家，九叔问寿康做得做不得，寿康说做得。睡觉的时候，他听得九叔对九婶细声地说：

"五嫂子搭信来要三伢子进城学翠花铺。但在城里学，在乡里学，不是一样吗？大家不要响，让他好好地做下去吧。"

当然九叔也是好心。但孩子想娘，第二天绝早，寿康便挟起他几件衣服，带了他平日积下的八个铜板，走到他祖母床前说：

"娭毑，我到师傅那里去了。"

他本想把实话告诉祖母的，又怕她老人家阻止他，只好这样说。但寿康是没有进过城的，他听得说只要照麻石路一直走就到了。他走到杨勒嘴大路边的石乌龟那儿等着，心想在那里必然可以碰到上城的人，他就可以和他们同路了。一会儿果然来了一个背包袱的，寿康问他：

"老板，你上哪里去？"

"进城去啊，你呢？小兄弟？"

"我也要进城去，我和你一道走好吗？"

"那有什么不好呢？

他也欢喜这个聪明大胆的孩子。后来他们的同伴越走越多了。可是那时候正发大水，麻石大路被淹断了，他们转了好长一段路。寿康身上只有八个铜板，打中伙的时候同伴们问寿康，他只好说："我不饿。"

那天他走了一百多里的长路，找到伍家岭时已经天黑了好久了。我听了他是转水来的，又是欢喜又是责备他。及至知道他一整天饿着肚皮走路，赶忙做饭给他吃。那天晚上母子们睡在一床，我问起寿康许多乡下的事，也有气的，也有安慰的。但后来知道，乡下他的祖母和叔叔们不知道这孩子到哪里去了，又加在大水中，都不放心，到处寻找，为他闹了好几天，这真是不应该的事。

寿康到臬围后李家翠花店待了一两个月，他手上原是很灵敏的。乡下孩子又比较老实，细姑子非常欢喜他。他没有被盖，李家屋子又窄小，便让他同她的几个女孩子们睡。寿康起先原也相安。但那位李家姑爷让他伺候他，吃饭时要他给他们夫妇和小孩子们接碗。这虽几乎是做学徒的本分，但这孩子脾气古怪，做不惯这类的事，结果便从那儿逃出来了，到伍家岭来和我一起住在一舅公家里，由田三叔的介绍到伍家岭附近的裁缝店学过几天裁缝。寿康运针极灵活，师傅原也欢喜他，但他也是受不了徒弟制度的束缚，又跑出来了。我气得追出去打他，但一想到他是个没有父亲的孩子，我又心酸手软。后来外婆和三舅母也来了。三嫂子在吉林的时候生了一个女孩子叫竹子，长得很伶俐。后来她带竹儿进城住在一位张夫人家里的时候，又生了祥儿。梅臣和三嫂子都很想一个男孩子，特别是我爹爹妈妈都想抱个孙子，生下来却又是一个女孩子，都不免失望。但祥儿却长得和梅臣三爷一模一样，梅臣也很欢喜。不幸竹儿恰在这时候患了天花。湖南的迷信：天花姑娘是要干净的，生祥儿的时候却给血污了，竹儿便丧失了她的小生命。三嫂子哭得很伤心，我也难过，因为竹儿实在太活泼可爱了。

那次妈妈和三嫂子都顺便到了伍家岭，来看一舅母和我。妈妈见三伢子翠花铺没有学成，也住在一舅公那儿，便对我说了许多话，她老人家的意思是一舅公家生活也是很为难的，我一个人住在那儿还能勉强对付，现在三伢子也来了，一舅公怎么吃得消？她老人家又批评我的几个孩子，说三伢子怎样不听话，不肯捡狗粪等等。最后妈妈说到我的将来。她老人家的话逼得我那么紧：

"再说，现在生活这么高，一个男人还不容易养活一家，你一个女人绊起这几个孩子，怎么得人大呢？……"

她老人家没有再说下去，但我已经哭得像泪人一样了。

我怎么办呢？无论怎么苦我是打定主意不嫁人，不到别人家做工，更不去要饭的。我只决心离开一舅公的家再说。那时候距伍家岭不远的枫树坪新起了一排临大路的木房子，每一栋前后两间，月租两元，不要押柜，由一位姓唐的经理。我想，有寿康做帮手，也可以卖卖茶，做做小生意。可是这也得有点本钱呀。我想了一想，就把一床印花布被单从棉絮上拆下来，和一件毛蓝布衫交给寿康去北门当店当了三块钱。杜十公也非常慷慨地借给了我十元。就拿这十三元钱起本，我租了一间铺面，买了些家具、茶店应用的东西和一点点糖果，寿昌从学校回来又写了一个招牌，我们的茶店算开张了。那儿每天行人不断，再加粤汉路局正修新河铁桥，隔我们那儿很近。一舅公的长子寿钦二表弟正在新河警局任事，寿康和那些工人也混得很熟，这样到店子里来坐的人也不少，每天茶资收入多的时候有两三元，最少也有几角。那时候生活虽然也不容易，东西比现在可便宜得多。米只要六个铜子一升，我们母子三人顶多吃两升半米。盐是一毛钱一斤。十几个铜板可以称四两肉。煤是几百钱一担。小菜可向每天过路的担子上买，杜十公挑菜上城的时候也时常送些。我们有二百几十文钱也可以度过一天了。

寿康除了在店子里照顾生意，时常也贩一篮子笔杆糖到新河一带去卖。好像卖橘子的赌瓣数似的，卖笔杆糖的孩子们常常同人家赌糖的横断面有没有气孔。这寿康是能干的，他每每赚了几百文钱回来之外还带半篮子折断了的糖：这些糖不能再卖了，只能自己吃。

寿康虽然失学，他其实欢喜学问，也有些想法。他每天把新河铁桥工程那一带兜一个圈子之后，就回到市镇上来。那镇上有一所耶稣教堂，有一天下午他经过那儿，偶然听到一位牧师在那儿说教，其中有几个《圣经》上的故事，很使他感动。因此他每天午后老坐在教堂门口：一面卖糖，一面很热心地听说教。他不像别的小孩子那样欢喜吵闹和打架、骂人。却总是那么沉静地、思索地听着。这给一位姓王的牧师注意到了，很温和地问他：

"小朋友，你欢喜听吗？"

"欢喜听。"寿康说。

"你觉得哪些话有趣呢？"

"你们说，六天工作之后到第七天一定要休息，这话有道理。"

"唔，你家里有父母吗？"

"父亲死了，有妈妈，哥哥，弟弟。"

"你卖糖能赚很多钱吗？能养活妈妈吗？"

"……"寿康摇摇头。

"那你为什么不去学点手艺呢？"

"没有地方去学。"

"我给你介绍好了，小朋友。这个人是我的本家，他的哥哥也是教友，他们一定对你好。你回头好好地去学，不要调皮，一定学到出师，将来赚钱养活你的妈妈，帮助你的哥哥弟弟。"

"好，一定的，我一定用心去学。"

这样他就被介绍到北广门城外王四皮匠开的鞋店做学徒，投师帖子上的介绍人便是那位王先生，请进师酒的时候寿昌也在场。孩子肯自动地学手艺，我也算放心了。但因寿康到鞋店去了，茶店没有人招呼，不能不停歇了，于是把家搬到北门城外康乐家的楼上。这康乐家是寿昌同学杨莘君的亲戚，地点恰在鞋店的对面，隔长沙师范也近。那时五儿寿麟也来了，我叫他每天到学堂里接些衣服来洗，借以维持生活，此外替人家缝缝衣裳。

十九　枫树坪的那些日子

在枫树坪住了将近半年，也有好些事值得记忆。

以前寿昌是住在学校里的，自从搬到枫树坪，他就回家来走读。那时寿钦二表弟原同他很谈得来。寿钦人很聪明，从小字写得不坏，就可惜读书不多，以前原在三字墙学过机匠的，后来改行。他家境困难，食指又繁，他二叔开湘云纸庄，虽然赚钱，但对他的帮助也不太多。他和皮国珍兄弟是好朋友，他们在警界服务，由他们介绍考入警察学校，分发出来在新河服务，很是郁郁不得志。他住在乡下赵家坊的时候娶了一位二舅娘子，娘家姓邓，人长得也很伶俐，和寿钦原极相爱，一连生了两个女儿，一个叫曾伢子，一个叫细妹子。就是她的性情倔强一些，和她婆婆不大合得来，时常吵架。再加后来她又不当心，一连掉了两个男孩子。一次是住在城里的时候，她有喜，快落月了，有事叫车子到墙湾去，路不好，下车的时候她从洋车上跌下来，回家就发作了，产了一个男孩子还能哭，但没几天就死了。他们一家正望孩子的时候自然不免埋怨她。后来不久又有喜了，寿钦嘱咐他妻子别在外边走动，那时候她住在乡下木架子冲。到了要生了，她不知怎么，想到坳背去锤线。回来她便发作了，又生了一个男孩子，自然生下来就是死的。寿钦气极了，去埋这小尸体的时候指着二嫂子骂道："好！只要你下次再有这样的孩子给我埋。"他们夫妻更失了和气了。为着他们夫妻，我不知做过几次和事佬，但都没有什么结果。后来二嫂子学会了打洋袜子，新庆洋船上陈师爷的女人介绍她到常德去做教师，二嫂子一去就那么不见回来了。她的两个女儿，细姑娘也夭折了，只剩曾姑娘就是立达出身的蒋芷沅。

但上面说的也是后来的事。在伍家岭的时候主要是婆媳俩不和。据二舅母说，她的儿媳曾经打她，杜十公甚至出来做见证。不过平心而论，二嫂子未必那样大胆，顶多是二舅母打她的时候二嫂子反抗，彼此推推拉拉是难免的。但寿钦那时在警察署做事，他是得管人家的，怎么吃得消家里有近于"逆伦"的事？因此他从警署办公回来时常不回家去，却欢喜到枫树坪我们那儿来，和寿昌一块儿读书。皮国珍兄弟也时常跟着来玩。他们那时是那样用功，每晚要照我两百钱的清油。那时，枫树坪的铺家后来除谭家药店外又添了管庄唐家开的杂货店，油便是向他家打的。那时二百文钱的清油很不少，可以照到天亮。他们除读些书报之外，也写些文章，寿昌在学校里原负责编辑《青年报》月刊，寿钦也是在那时候学会写文章的。后来他们合作出版《抗战日报》，可以说那时候为起始。他们那时都正在青少年，感情是十分热烈的。有时候热心讨论着《红楼梦》，和林黛玉的葬花诗之类。参加讨论的人也还有后面张家的几位少爷。张家的前辈有"百万"之称，那时候也快没落了。二、三、四几位少爷在广益等学校读书。他们虽然有着很阔气的房子，却都欢喜到我们那儿来坐。晚上天气冷，他们把脚都伸到火桶里，盖上我那铺没有单被的棉絮，和寿昌们促膝谈心，直到夜深他们还不肯回去。

张家几位少爷最爱打足球，而且有一位打得好，枫树坪时常也变成他们的足球场。他们又都爱唱京戏，又有留声机片，这一方面的趣味寿昌很受了点他们的影响。他们的哥哥大少爷虽然不幸是一位瞎子，却也有他的精明的地方，他能把一部脚踏车拆开，又把它装配起来，不要别人帮忙。大少爷有一位年轻漂亮的太太，因为他眼睛不看见，就难免有事。但大少爷神经十分敏锐，管得十分严厉。因为这，听说他们兄弟间不免失和。

枫树坪的生活到谭满公娶孙媳妇算一个高潮。谭满公儿子早死，有一位孙少爷就是这药店的少老板。这位少老板其实是有些傻气的。不说"福禄生在丑人边"的古话，他祖父给他娶来的那位新娘子却是相当美丽、又念过书的女子。她的陪奁也相当阔气，红湖绉的帐子，两铺两盖全是"荤货"的。新郎不曾见过这个世面，他太紧张，把铺的当成盖的，结婚那晚竟睡在褥绸子底下去了。那些日子寿昌们的谈话会便暂时移到这新娘房去了。新娘原是知识分子，自然欢迎这些青年的知识客人，慢慢地她也参加谈话了。她和谭家少老板结婚，完全是所谓"父母之命，媒妁之言"，而那时一般妇女已经开始觉醒了，这位新娘子在那样的境遇之下，怎么能例外呢？没有多久这新娘就逃走了。

在枫树坪的谈客中间还有一位叫杨辉光。这人是在军队里混的，广东、广西、云南、贵州都曾跑过，有过许多惊险多趣的经历，还有那些江湖上的动人故事，是寿昌从不曾听见过的。寿昌曾很详细地笔记，想要给他写点什么。但因寿昌大腿上长了一个疖子，痛了好一些时候，这工作也停顿了。

疖子是在右边靠膝盖的大腿上。寿昌差不多不大生病的。起先，腿上的疖子还不甚严重的时候，他还是一颠一颠地每天到城里走读。因为没有钱请医生及早诊治，疖子便更加厉害起来，终至一步也走不动，只好向学校请假。寿昌悲观得不得了，怕这条腿会废掉。吕恢猷、黄芝冈那些同学来探望他的时候，他对他们直流泪。学校里先生们跟寿昌有感情的也多怜惜他，关心他，甚至被学生们称为"怪物"的教地理的黄先生在上课的时候也抖着声音说：

"田生可惜得……得……"

人们说疖子是热毒，我就用苦瓜、丝瓜的叶捶碎给他敷，满公们也说了一些法子，慢慢地算好了，但走路还是不大便。寿昌只差一学期就毕业了，那时继徐懋恂校长的姜咏洪先生，很慷慨地替寿昌出了一节膳费，因此后来他就住校了。

在枫树坪不久，星楼三伯从北平回来，在乡下住了一些时候，进城来预备回北平去。他一天早晨同琼楼二伯的圆姑娘的丈夫易五哥来到枫树坪我们那个家，还在我们那儿住了一晚，三哥和我谈起：

"二哥提议过继一个孩子给我，其实何必呢？没有钱呢不用说了，有钱呢我还不是一样照拂侄儿们的吗？"

三哥是庚午的，那时是四十多的人了，还没有孩子。二哥要把孩子过继给他，接续他那一房。但星楼三哥是在外面跑的人，家的观念不怎么深，再加他那天对我说，他在北平已经娶了一个太太了。

　　三哥是从我们家动身的。那次算他最后一次离开家乡，从此就不曾回来了。后来我们在上海的时候曾和他通过信。寿麟到北平去的时候还在他那儿住过几天。他那时老两口儿在宣武门外开一爿湖南小吃馆，待这远来的侄儿非常亲热，也说他想回南边来。及至抗战一起，北平沦陷，他们老夫妇俩生意也不能做，不幸相继病殁。一位祖母的侄孙胡博苏君那时恰在北平，曾经有过极详尽的报告，我们看了，想起他离乡的心情，真是难过。

　　那年二月间，乡下搭信来说："外公病得厉害。"许多人担心他老人家那次很危险。我得信，把店子交给三儿，赶忙下乡到歌棣塘，看护了爹爹一个多月，没有出过房门。爹爹在病中是那样难于伺候，脾气变得又大又古怪，听得外面有人唱什么，他会故意地问：

　　"什么人在哭呀？"

　　早晨也不许听得读书的声音。每顿饭非让儿媳们用小红花碗做五六样精致的菜摆在床边的小桌上不可，可又一点也不尝，意思是死了上供他是看不见的，不如趁活着供养，至少他还看得见。病中又叫我们做一双红色过老的鞋。满六十岁生日的那天，他老人家穿了那双鞋，叫人扶到大厅上，笑眯眯地对贺客们唱《八仙庆寿》。那时伺候他老人家最多的，我们之外，要算漱瑜。这孩子为着招扶她祖父，把学校里的功课都荒废了好久。那一个多月，大家都累坏了，我头也晕了。叔叔夫妇就住在右边的下正房，我回到家也没有到他们那儿好好坐过一次。那天，我见爹爹病也好得差不多了，便抽个空找我叔叔谈了一会儿话，也想借此吐吐气。谁知爹爹见我不在他身边，大大的不高兴，暴跳如雷地骂了我一顿，连我叔叔也一道受气。

我想这太没道理了。我也是人呀，一气我就带了五儿出塅，到了茅坪老屋。

那时正是四月初天气，茶忙的时候。垅那边满婶们在茶山里有熟人，我跟她们一道带起五儿到理安冲摘茶。只见遍山碧绿，摘茶女算多，大都是拖娘带媳的，也有许多小姑娘和青年人。虽则辛苦，却到处可以听到悦耳的歌声。常有老远的各自唱着，最后唱到一株茶树去的。一般地说，叶尖深的好茶，容易摘，又打秤，价钱便宜，每斤可得十文；对口叶子难摘，半天也摘不到几斤，价钱贵一点，每斤可得十二文。我原是塅里人，摘茶是外行。梅臣三嫂是冲里人，会摘茶。搬到歌棣塘之后，山里茶树多，我们三姑嫂比赛过一次。满嫂子也是塅里人，她摘到十五斤；我本不行，但好胜，及学会了也摘十五斤。我不大能走路，在理安冲的茶山里怎么竞争得过那些惯手的茶女们呢？幸亏五儿正是出山虎，满山跑，抢好茶树，又摘得快。我们母子俩每天也可以摘三十来斤。山主有待茶女好的，有不好的。好的供给我们茶饭，不好的要自己带米去煮。我们每天大约可得两三百文光景。除伙食以外每天还可剩十几文。最后毕竟给我积了点进城的盘费。在茶山里那些日子，太阳真晒死人，我不欢喜打包头，又没有草帽戴，只好用围裙盖一盖。可那有什么用呢？半个月以后，我晒得简直像黑人似的。及至我带寿麟进城回到枫树坪，许多亲友们见了都不认识我了。

我到乡下去的时候，三儿便一个人撑持着门面。枫树坪又住了一家姓朱的。朱老太太有一桩怪本事，能吃两碗猪油。三儿同朱家相处得好。他是个好动的孩子，凭着他小时在乡下练出的水性，赤手空拳跟着一些熟识的渔人到捞刀河罗汉庄一带的河里坝里去捉鱼。他无罾无网，怎样捉法呢？那是先在水里用土式游泳噼里啪啦地一阵子把水打浑，鱼碰了浑水就都钻到泥巴里去了，你就可以向泥里去摸，这就叫"打浑水捉鱼"吧。一次，寿康的脚已踹着一条鱼了，他急忙没水下去捉，但一伸手下去鱼又走了。后来一位摸鱼的老手告诉他，脚下踹着鱼的时候不能弯着腰没水去捉它，因为那样他的身子会浮起来，鱼就钻空儿逃了。必须直着身子蹲下去，两个手紧紧握着鱼头，最好能抓牢它的腮，鱼若动弹，只能把它再向泥里压下去，切不可马上就想捉起来，因为大一点的鱼都有一股冲劲，在水里不容易捉住它，常常给它冲跑了。自从得了这许多诀窍之后，寿康每天捉两三斤鱼也是常事。他算又开辟了一条生路了。

到了年底，钟一伯来了。

钟一哥是钟家坪钟贤三公的大儿子。钟二哥在枞榕树下王姑爷家帮忙，为人极其忠恳。这位一哥却从小在外面谋事，有时替人家包包伙食，为人也是十分义道的。这时他也是刚从外县回来，听说我们母子在枫树坪，他特意赶来看我们。他和我同年，禹卿比他小一岁，因此孩子们都叫他一伯。他有一宗痼疾，是把酒当成了经常的食粮，差不多不大吃饭。此外好吸几袋条丝烟。他平常说话总是那么充满着热情的。再加禹卿本来和他是所谓"同坛起教"的人，禹卿死了，子侄们如此清寒，他看了如何不要难过？那天他喝过几杯酒之后，对寿昌、寿康们感慨地说：

"寿昌啊！这以后就得看你们兄弟了。你爹和我同坛起教，他原是很有心胸的，不幸他的运命不好，从不曾得过意，就那么去世了。我在外头听得说起，真是好难过。这次回来，一定要来看你们。五嫂子，你们的妈妈，也这样有心胸，竟想靠她自己苦爬力挣把你们抚养大，这真是不容易啊！你们就得好好地读书做事，替你们爹爹妈妈争气，也替田家四爹争气。"

他的声音里甚至含着眼泪，也给了孩子们很大的感动。

一哥走的时候送了我三块钱，这三块钱帮了我很大的忙。那时已经是民国四年的旧历大除夕，我赶忙叫寿康拿这三块钱到北门门当店里把我那条印花被单和毛蓝布衫给赎回来了。为什么三块钱就成了呢？因为照湖南当店的习惯，三十晚上赎当是不取利钱的。这也算怜惜贫苦人的意思吧。

我们母子整整一年没有盖过被单了，那棉絮扯得快要破了。感谢一伯的好意，使我们在过年的时候重新有了自己的棉被。我兴奋地缝好被子之后，不觉深深地叹了一口气。那天晚上虽则照样下雪，枫树的枯枝都给压下来，我们母子却感到异乎寻常的温暖。

原载桂林《人世间》第 1 卷第 1 至 6 期，1942 年 10 月至 1943 年 11 月出版；桂林《当代文艺》第 1 卷第 5、6 期合刊，1944 年 6 月出版。

第二编 浪漫与忧郁

白梅之园的内外

一 花坛上的蔷薇

> 告诉我什么是悲哀呢?
>
> 那是一个花园里的花坛。
>
> 又什么是欢喜呢?
>
> 那是生在那个花园里的一朵小蔷薇。
>
> ——Stoddard : *Sorrow and Joy*

今天是三月三日了。从我和漱瑜永不会忘记的那一天——一九二〇年十二月二十五日——算到今天,约莫有两个月零几天了。好快的日子! 欢乐中间的日子,听说过起来非常之快。难道悲哀中间的日子,过起来也这么快吗? 这两天没有出去,因为昨天有一个神经过敏的日本巡警先生硬要来保护我,我却不愿意受"大臣待遇",所以还是维持我的"乐居静处,持笔深思"的生活。今天上午正安排做这篇文章,又有一个朋友远道儿来访,直谈到下午三时才去。去后略收拾房间,就位,伸纸,援笔,蘸墨,将续做下去,忽听得窗外有小鸟儿啾啾唧唧的叫声,推窗一望，远松额外地青，近柏额外地绿，微风生树间，绿摇青动，仿佛示我和漱瑜以希望无穷之意。可是小鸟儿到底不知在哪一枝树上叫？

此地是东京市外，虽然也有小孩子们吵闹，到底比市内清静得多。而且这儿近边有一个户山原，是日本人跑马练兵之地，每逢夕阳欲下的时候，到这儿来散步，倒也是悲哀之中一件快乐的事。刚上那个原头，便看见左边一带平林，苍烟漠漠。通过广原，便是一个斜坡，坡左苍松成阵，夕阳穿林而来，如十万黄金之弹，同时射出。站在广原中西望，可以看见富士山千年不消的雪峰，峰头白雪，此时也不免感黄金之威力。散步而归，走过电车道的时候，便可看见打靶场头那两嶂等边三角形的土山，从侧面看来却正像埃及几千年前的金字塔。晚间，打靶停止了，每每有人独立在那山尖上，高声啸歌，或练习军中口令。一想到埃及的金字塔是古帝王埋骨的所在，这两堆像金字塔的土山，却供杀人机械练造成白骨之用，而此造成白骨者，将来也只是一堆白骨而已，不觉俯仰兴叹，以为人类误谬的观念所生的罪恶，将和这两个金字塔同是有限的不灭呢。

其实最有味的还是雪夜之游。记得有一晚青松之杪，月华真清亮得爱人，微雪之后，薄寒中人，不甚好夜游的漱瑜再三邀我出去，连邻居的 H 女士也勉强邀来了。三个人都着了外衣，我遂拿着手杖，戴着帽儿，从前门出去。左折通过墙阴，泥泞颇滑；过某家庭园侧边的时候，大家的口里，都不觉冲出一个"好"字。你看雪落之后，满园的花木，就好像排在一铺白绒花毡上面似的。清亮的月儿，衬着那带些儿残雪的松枝，更显得和天女一

般，没有可以品题她的话。寒风偶来，和松枝细语。松枝飕飕
地略颤，雪花和月影同时飞舞。一条横路的尽头，便是那家书
室。也有三五枝松树，叶茂荫浓，把月光遮了。可是漆黑的板壁
上嵌着的纸窗格里，电灯的光把窗纸映得通红。窗前灰暗色的雪
地上，也受些儿反射。使人不解什么缘因，觉得春夜当窗读书的
快乐！

　　我们的目的是到户山原去观月，所以随即离了那儿。通过了
几条小巷，几道短垣，便上了练兵场侧边的大路。举目一望，雪
花开满了原野，月光吻遍了雪花，那兵足踩翻了的衰草，马蹄踏
破了的黄泥，不知搁向哪里去了。一两寸深的雪地上，"趣谷趣
谷"的谐音，随着脚步儿迭奏，较之夜间火车通过时那种"克拿
克拿"的噪音，真有仙凡之别。我们候火车过后，走过铁道，跑
上白绒毡似的坡，穿平林而前。看地上时，只有我们三个人影，
和疏疏的无数枝树影。一条野犬站在土堆上曳尾，回头见我们
来，也不发一语。四野寂然，不见其他人影。走出平林，浩浩然
满目皆白，仿佛夜行西伯利亚积雪皑皑的广漠无垠之野，又如身
在亚拉斯加所摄的电影中，又令人艳羡吉勃须式的漂浪生活。我
挥杖戴月而归的时候，用我那冻呆的舌头对漱瑜及 H 女士说，这
是我悲哀之中第一次的乐游呢。

　　我们俩是今年正月中旬得到我们俩所谓最悲的消息的。自
是以来，我们就没有真快乐过一天。漱瑜至今还时时以泪珠洗
面。因为我失了一个至爱的舅舅，她失了一个至爱的父亲。我八
岁的时候，也曾失了我至爱的父亲，我也曾哭他很哀，但是一
来我年纪小，二来我父亲不常在家，和我关系不深，所以毕竟

没有哭她的父亲这样的哀。因为自我的父亲过后，她的父亲就是我的父亲：他帮助我的母亲，教养我的弟弟，精神上物质上指导我读书做人，可是现在她的——同时是我的——最爱的父亲却也失掉了！我们俩都做了没有父亲的孤儿了！啊，天哪，这是什么运命！

我们自遭了这种运命的虐待，遂使我们不能不由分居生活改为同居生活。一来经济上可以省几个钱，二来忧患之中，也可以互相慰藉，互相勉励。所以我由本乡的中华学舍，漱瑜由岩川白山御殿町的女子寄宿舍先后搬到现居的这个地方。光阴箭一样快，我们又同居有一个半月了。最初的半月，漱瑜时时啼泣，我同样地伤心，正无从得着慰藉，却把什么话去慰藉她呢？我们唯一的方法，就是抱着脸儿一块儿哭吧！记得去年春假游京都九州的时候，在福冈的博多湾上寓楼和郭沫若兄各选所爱海依雷（Heine）（即海涅）诗若干首，我所选的中间有一首今尚存Franklin Johnson 的英译。录其前段曰：

> 把您的脸紧贴着我的脸，
>
> 如是咱们俩的眼泪就可以一块儿流，爱啊，
>
> 而且把你的心紧压着我的心，
>
> 如是咱们俩的心焰就可以一道儿升，爱啊！

我到现在才觉得这四句话的好处，才体验得这一首诗的妙味。我们俩虽然日在悲哀之中，同时却感到一种欢喜，这一种欢喜，超实利，超肉感，为我二十三岁的生涯中所未经尝过者；无

以名之，名之曰"神秘的欢喜"（mystic joy）而已。我常以为"欢喜"与"悲哀"并非两元，实为一物之两面。此理多经东西文人学者想象过实验过。王尔德的《狱中记》从悲哀之中认出美感出来，连"悲哀"这个东西，都要拿去享乐，这是诸君所知道的。我们的悲哀，自然和王尔德所感者内容不同，而其为悲哀则一。因为上说的缘故，也能从悲哀中看出神秘的欢喜来，这一来便把这悲喜两元生活微妙地调和了。日本现代评论家厨川白村氏膺足疾割断左脚，在病院中呻吟时，曾忆及从前读过的英国诗人享黎（William Ernest Henley，1849——1903）《在病院里》（*In Hopital*）之诗，每于到手术场换绷带的时候，就喜欢取他的诗来玩味。因为那首诗是享黎十八岁因病切断左脚在病院中生活时所作，于厨川氏之境遇心情契然而合，所以厨川能于那首诗的里面，看出疾痛惨怛之自己，因而得多少之安慰。我自离忧以来，也喜寻西洋忧愁之诗来读。Ward 的 *Poetical Quotation* 的中间，我所最不欢喜翻检的字如"死"（death）"忧"（grief）、"悲哀"（sorrow）、"眼泪"（tears）等字现在却成了"爱用的题目"（Favorite title）了。我从《悲哀》题下，翻出了三节斯托达德（R.H Stoddard）的诗，总题目是《悲哀与欢喜》（*Sorrow and Joy*），第三节我写在开头了。还有两节我都写在下面吧：

告诉我什么是悲哀呢？

那是一个无边的海。

又什么是欢喜呢？

那是海水围着她打圈圈的小珠儿。

告诉我什么是悲哀呢？

那是一个阴暗的鸟笼。

又什么是欢喜呢？

那是从那笼中听得她的歌声的小鸟儿。

　　这三节诗写我们俩的心境恰到好处。诗境上也把悲哀和欢喜之情调和到恰到好处。我尤喜第三节——就是在前面所引的——所以我自称我住的地方是花坛（garden-bed），把花坛上的小蔷薇象征我们两个人。

二　同情之泪

不要隐藏您的眼泪；

　　只管高声地哭……堂堂皇皇地拿出

　　大丈夫的气概

　　来挥洒流动的德行：

因为那是表示良心的自然记号。

愧死那些不能以他人之悲哀

　　为自己的悲哀的铁石心肠的禽兽。

　　　　　　　　　　——Aaron Hill：*Alzira*，Act. Ⅱ

　　自舅舅梅园先生遇害后，听得这个消息的亲友写信来慰问我和漱瑜的颇多。盛意高情，极可感激。父执邓峙冰先生来书极短简，末了曰："寿昌吾弟，尔平日景仰之三舅，今已成隔世人矣，呜呼惨哉！"我每读此数句未尝不鼻酸心苦泪涔涔下。迩来努力要忘记的惨痛，皆一一唤起。咳！邓先生，我和先生在东京目白郊外散步时的谈话，在上海环龙公园内散步时的谈话，至今耳鼓还留有余波。我两次谈话中间都有怨三舅不了解我的心境的话，而孜孜焉必欲有以自见，以恢复三舅对我的感情，咳！其实我的三舅对我何尝不了解，感情又何尝有丝毫变更，不过他用心很深，不想助长我的虚荣心，增加我 romantic 的程度而已。去年来几回的通信，读来无不令人含泪、啮唇、奋发、兴起。三舅的爱乡爱国爱儿女的意思，一回一回，一层一层地明白了。谁知道刚明白了他的意思，他便要舍我们而去呢？我读嚣俄（即雨果）的《哀史》（Victor Hugo : *Les Misérables*，今译作《悲惨世界》），读到最后当马柳丝（Marius）知道张威长（Jean Valjean，今译作"冉阿让"）是他救命的恩人，是一个伟人，不是他心中所误想的那一种人，急忙偕珂翠特（Cosette）驱着马车，驰往张威长的寓所，登楼入室，想迎接他回邸，而张威长已要临终的时候，我的眼泪不知何由而来。张威长一生辛苦，一生惨痛，一生受人误解，一生受人侮辱和压迫，虽为时很暂，终得见马柳丝极端之悔悟和感激，终得受珂翠特纤手的扶将，香口的温慰，终得把两只手分置在珂翠特、马柳丝的头上安安然遂其伟大之死。咳，张威长之死，真可谓死于幸福了！其临终最后的话说：

> 你们俩要常常互相热爱。世界除了"互相爱着"以
> 外，恐怕也没有别的事情。你们有时候也许想起死在此
> 地的这个可怜的老人。……你们也想一想我，你们是受

福的动物，我也不知道是什么缘故？我看见一道光明。
你们还站近些。我死得幸福。让我把手放在我所热爱的
你们俩的头上。

看了最后这两句话，令我想起我舅父"你二人本是我最喜欢
的，因此对于你们希望更切……"的话来。咳，天哪！如何使我
们俩有这样一个热爱我们的父亲，却没有让我们的父亲把两手分
置我们俩的头上而遂其伟大之终焉的幸福呢？如何却让我们的父
亲膏豺虎之毒牙于湖南，而让其 dear beloved 的儿女远处异乡闻
报且迟而不审呢？我越想越感泣，越想越愧悔，越想越愤恨！

他救了我的生命。他还做了更多的事情。他把你给
了我。他救了我之后，他把你给我之后，珂翠特啊，他
自己怎么样了呢？他牺牲了他自己。这个人就在这里。他
对于我这样一个不知恩的，我这样一个健忘的，我这样一
个无同情的，我这样一个有罪的，还说多谢！珂翠特，我
把全生涯来承欢于他的膝下还恐不足。那个防垒，那个阴
沟，那个熔炉，那个 cloaca，他为我和你，哪里不曾走过。
珂翠特，他冒万死把我背出来，备尝艰险。可是他只要自
己晓得，总不让我知道。全勇气、全道德、全英烈、全神
圣，他全都有了。珂翠特，这个人就是天使！

这是马柳丝听了张威长的陈谢，愧悔感激之情不能自已，对
珂翠特说出来的话。我看了，除了两三句不合我们情形的话以

外，就都像是我要对我舅舅说的一样。我舅舅他为我和漱瑜虽然没有遇过防垒、阴沟、熔炉、cloaca 之险，却曾日日为我们九回其肠。我在长沙师范学校毕业后，精神上身体上都有废颓的倾向，赖舅舅之力，挈之东征，既使无后顾之忧，又教以向上之道，在经理处同居两载之间，耳提面命，唯恐我不成材，无以对其可怜可敬之老姊。咳！如舅舅者岂止救了我的生命，直救了我的生命以上之生命。我舅舅既给我以生命，又给我以与生命同体之"爱"之漱瑜。啊，舅舅啊！我把全生涯来承欢你的膝下唯恐不足，乃使我于春申拜别后便成永别——有这样残酷的事吗？

虽然舅舅你死了也不必悲。天下后世毕竟会有人知道你，同情你的。你强壮的身体可以朽，但你的诗歌将使你不朽！你的儿女将使你不朽！你遇害的消息传到东京之后，虽稍知舅舅者无不为之痛惜，再进则"拍案痛叹泣下数行"，更进则"仰天痛哭无泪可挥"，总之无不为我们这两个孤儿洒一掬同情之泪。如日本女友五岛义子女史者，至为我们俩的苦痛，数晚不能成寐，以久病新痊之躯，屡含泪为我们作慰藉之书。咳！虐哉，运命之手！美哉，同情之心！摘译五岛女史来书一节以终此节吧：

"你们想要哭多少，就请哭多少吧。"
"你们想要苦多少，就请苦多少吧。"
我诚心诚意地这样说（吞着泪）。
我到现在还没有逢过父母亡故的事情。但是死的经
验和爱的人离别之悲却逢过几回。我因为没逢到你们这

样的惨事，或者我说的话错了也不可知。不过，我在我
自己，觉得人家对我是这样说反倒愉快些，心里仿佛真
受了人家的同情似的。而且到现在，实际好几次逢着亲
爱的友人失了父母的时候，我总送他们这几句话，于是
他们听了皆大欢喜。

你想要哭多少，请你哭多少，我也和你一块儿哭。

三　春风送来的梦话

我便问我的表妹觉得这能不能是一个梦，她答道她
也正是这样想。于是我们俩都疑我们莫不是睡着，而且
假如是的，倒不知谁是正在做梦的人，谁又不过是梦中
的人。讲到这儿，不觉都有味起来了。

——From "*Three Men in a Boat*"

今天是三月八日了。距今天三日前晚上我做了一个梦，梦
见我的舅舅到这儿来了。他的样子和生前一样，并且对我说，他
在湖南遇害的事，虽然有这个话，但是他当时用一种很巧妙的
方法逃出来了。我喜欢得了不得，执着他的手说："舅舅你现在
既然到了这里，就永莫回去，和你的爱女爱甥，一块儿从事学
问事业吧。"他听了我的话望着我苦笑。我欢喜之余，又深恐我
正在做梦而他不过是我梦中的人，所以我趁他不留神的时候，在
他身上触了几下，哈！他不是漱瑜的父亲却是谁！我如是更欢
喜了。——不知如何忽然醒来，才知道我毕竟不过做了一个梦。

A dream，a dream——it is all a dream；a strange，sad dream，in good sooth.——它毕竟不过是一个梦（the one that was only a dream！）。我喊醒漱瑜和她说了，一会儿她在被中哭起来了，不想却引动了我绝大的、永劫的悲哀，我对她说："我何必哭，横竖我们做的也不过是一个梦呀。"说后，我瞑目一想，假如我现在忽然被"死"神的魔手捉了去，把我向地狱的口中一丢，那时候名誉有什么？几年来苦心搜罗的书籍有什么？画片有什么？文章有什么？乃至母子、兄弟、朋友的情爱有什么？乃至自己视为自己的化身的艺术又有什么？乃至我的"爱"的寄托者又有什么？想到这里，不觉心里大恸。

凡事必有一个"因"，我这个梦，和这场悲感之因，则伏在日中和漱瑜谈松浦一氏的《文学之本质》的时候。我说日本现代的西洋文艺批评界中，使我受感动最多的人物除厨川白村之外，当推松浦一，而他们俩都各有所苦，各有很深的觉悟，所以发出来的言论，都能多少触人性（human nature）之真。厨川先生渡美之前，不幸左脚害了病，在京大病院割断了。由美归国后所成《北米印象记》一书中收《左脚切断》一文，以辛辣机警之笔，传疾痛惨怛之声。说他生来身体虚弱，又为种种不可思议的运命所拨弄，而天殊不足，又夺其左脚。在病院中受手术后元气衰弱的时候，每思及己身之过去辄几晚不能成寐，但又信人只要根本的"生之力"（life force）没有失掉，肉体上受多少损失，原不甚要紧。并举自动车负伤之友人法学士某君之令妹，及同年切断了右脚之法国老女优沙拉伯拉尔自励，谓她们虽受了苦痛，然一则依然出现于日本之乐坛；一则更活动于欧美之剧界：自己以后若不较前两三倍的努力，则真无以对此等妇人云云。可知他的评论文真是他的"苦闷之象征"，和其他举世滔滔的西洋文学贩卖店不同呢。松浦一的论文学的书有《文学之本质》与《生命之文学》两种。而这两种已足以使他不朽，因为据他自己说是"被齐死生的宇宙之力从他的胸里绞出来的"话。啊，他在《文学之本质》的序上说：他的文学的信念是由他的儿子宏之死培植来的。他有一个爱子名宏，刚满半年，不幸害了消化不良的重病，医生命行残酷的断食疗法，遂于明治四十四年五月闷死于大学病院。当入院之后，他和他的夫人同在院中看护他儿子的病，他的儿子那种波动的胸，那种哀求的眼，诉愁的眉，渐渐低下去的泣声，已足以伤他的心而有余。他看护倦了，宏的病况也略有起色，他便回家想休息一晚，然终辗转不能安枕。就枕后不几时电话忽来，告以宏儿的病势忽恶，速登院。那晚是暗夜，他乘着人力车从牛达奔往本乡，星光有意味地亮着，街灯像鬼一样地列着。他那好像有千斤重的心对他说："啊！大的东西死掉了，儿子死了，奔去送儿子之死的自身，刹那之间虽然活着，转瞬也是死吧，这便是一切的结论。凡不接触这个结论的研究，忘却这个结论的议论，都是牧猪奴戏的学问，捏扯道理的研究。从此算了，率性以歌抒情诗终此一生吧。所谓学问的权威，一接触人类第一义的问题，大抵烟消雾灭。贯通生与死的第一义！不咬穿到此处的学问，都是死学问。厌了，厌了，死学问厌了，死学者也厌了。"

他说他这种感想后来逢着乃木将军的悲壮之死及其亲友鹤田君之死，而其力愈加。所以他此刻觉得非立足于人类第一义的问题的研究，至少也得非像文学一样，研究人类的心灵的学问，便不肯烦他的心力。我读他这篇序的时候，触发我的旧痛，曾和漱瑜说了一些感想，那晚便做了那样一个的梦，梦后便又兴了那样一种的悲。我也和松浦先生一样，不接触人生第一义的一切研究、一切议论，都厌弃了。宏之死可以使松浦先生生获得那样大的觉悟，我爱舅之死，而不能使我生丝毫的真觉悟，得丝毫的真学问，我又何必多此一生呢？

　　讲到做梦，真使我发生许多感慨，我觉得世间尽有许多不可解的事情，不是我们现世这一点科学知识解决得来的。远的不说，即如我舅舅遇害是去年十二月二十五日早晨的事。我和漱瑜得他遇害的消息，时在今年正月中旬。但是去年十二月二十四五的晚上，漱瑜从华友寮到中华学舍来玩，我送她回去走一高寄宿舍的侧边过身的时候，她对我说："我近来精神很觉不安，不知家里到底怎么样的？我昨晚做了一个噩梦，梦见满叔（梅园先生之弟，张敬尧祸湘时，曾遭一次大险，于九死中初得一生，今居乡间）被害，抬回来的时候，把他的头放在侧边，却另接一木制之头，家中人看见了都大哭起来，我也哭了，一哭便醒来了。醒来把我吓得什么似的。"我当时听了，以为此不过思家之情幻结而成，初不足信。满舅遇险的时候，全家震骇，或者漱瑜所受惊骇的潜在意识再现于梦寐之间，也是可有的事，所以并没有太注意它，只劝她发愤读书，不必为无谓之忧虑而已。然总觉得此梦有些讨嫌，因联想到亲友所传舅舅已经回湘之信，及日本报上所载李仲麟司令等被害之事，心中不能无所畏惧，然谁料到这"天外飞来"之横祸竟降于我"忠信待人，与物无竞"的梅园舅父呢！

虽然举世纷纷都是一个梦，不过有好梦，有噩梦而已。做好梦的人唯恐他的梦醒了。《沉钟》剧中的海里熙（Heinrich）对仙女绿天德薇（Rautendelein）说的话就是做好梦的代表：

> 我一定是在这儿做梦。……是的。不是。
>
> 是的。不是。
>
> 我真莫名其妙，若是梦就让我做下去吧！
>
> 您问我觉得确实是梦吗？我可不知道。
>
> 啊，管他是什么，是梦也好，是生活也好——
>
> 这是实在的。我感着，我见着，
>
> ——你是活活现现的！
>
> 管您是实的也好，幻的也好，
>
> 在我内的也好，在我外的也好，
>
> 是我脑海想象的儿童也好，
>
> 或者您是别的什么也好，
>
> 我仍旧地爱您，因为您是您自己，
>
> 爱煞人的精灵儿，您莫去，您千万莫去。

做噩梦的人便唯恐他的梦不快快地醒。J. K .Jerome 的滑稽小说《小船中的三个人》的主人公和他的表妹游湖遇瀑，又迷归路，主人公说：

> 我们到底在什么地方呢？我们到底逢着了什么事

呢？我想，这必然都是一个梦，我现在必是真睡在床上，不一刻就会醒来，而且时辰钟必会告我十点过了。

他们虽然不真是做梦，然最可以表示做噩梦者的心理。我的舅舅去年满四十。他四十年中绝少如意事。举其大者，他本想完成他的高等教育而困于家境，限于时会，没有如他的意；他本想学陆军，而苦于近视没有如他的意；他本想在天下找几个朋友，而其所谓好朋友中，逢势利之来有转眼若不相识者，没有全如他的意；他毕生想得一个爱之寄托者，而自己早作了旧家庭的牺牲，没有如他的意；他生平想实行一夫一妻的理想制度，而激于痛苦，没有如他的意；他生平想把我和漱瑜好生教育出来，做他可敬可怜的老姊的慰安者，和他自己理想的后继者，和中国开国的好学生，然见漱瑜虽好，不肖汉之弱点如山，不堪造就，也恐怕没有如他的意。最后自己激于爱乡爱国之情，挺身回里，而二三日之间，反为豺虎所食，那也大不如他的意。——因为为乡国而死是其本意，而死于黑白混淆、豺虎当道之湖南，不见得是他的本意呢。——咳！"不如意事常八九，可对人言无二三。"这是我梅园舅父四十年间生活史的总评！我可以说他这四十年间的生活，只当是做了一个噩梦！做噩梦的人，唯恐他的梦不快快地醒，我舅舅近一两年间在上海醇酒妇人的生活，不知者每多责难之辞，殊不知他只是要他的梦快快地醒吧！看啊，看啊，他的四十年间的长梦，卒为赵恒惕的毒弹惊醒了；他到梦刚要做完的时候，他已经觉悟他的一生事业都是一个梦了！他遇害前留有绝命辞一首曰：

天外飞来事可惊，丹心一片付浮沉，

爱乡爱国都成梦，留与来生一憾吟。

咳，舅舅呀！人云一个国家只当小儿日中在海边团沙积石
作成的城郭堡垒，夕阳西下的时候观之，则仍旧是几堆散沙乱
石而已。建乡建国是梦，爱乡爱国安得不是梦，又何必"留到
来生一憾吟"呢，即使来生舅舅复生，居然把乡国弄得城郭旌
旗焕然变色，湖南好乱之民，中国野心之士，又不难把他弄成
几堆夕阳影里的散沙乱石，恐怕舅舅又要发"留与来生一'憾'
吟"之叹。是这样循环下去，舅舅的精神所留与乡国者，恐怕
只有一个"憾"字！你那梦中的乡国、乡国的人民，或亦有能
窥到你那一点"丹心"的时候，那么你那二三十年来"爱乡爱
国的梦"就不虚做了啊！——梅园先生旧作中有《索梦》四章，
其前四章曰：

索梦梦何处？香魂杳无着。

含泪背银钉，细数当时约。

秋心方瑟瑟，珠帘浸新月。

陇畔有残云，未补人间缺？

又他甲辰年讲学南湘，梦中得"誓将铁血红，研就乾坤碎"
之句，癸丑秋八月足成之，其间相去逾十年之久。诗曰：

大块无古今，人情有向背。

春水何茫茫，一去不复悔。

誓将铁血红，研就乾坤碎。

　梦后索梦，梦中得诗，这也可谓梅舅四十年大梦中的 episodical dream 了。于今立誓研就乾坤碎的血也染了，春水茫茫一去不复悔的人也去了，含泪背银釭而细数的当时约也过了，舅舅啊！你那陇畔残云补不尽的人间缺，留与我和漱妹来补吧！

三月九日上午十时顷

　原载《少年中国》第 2 卷第 12 期，1921 年 6 月 15 日出版。

春之悲哀

——白梅之园随笔

一　春之悲哀

薄寒中人的天气，何况又风雨连宵，把纸窗推开一望，我不觉失声叫道："你好苍白的脸，天啊！"庭前青翠的长松们有意无意地在他脸上乱晃，晃得他的脾气越大，脸色也越沉下来了。近窗几枝小翠柏，在雨中越青翠得爱人，可是不知伊心中有什么悲哀，无几根睫毛一样的小枝头含着无数颗溜圆圆、要坠不坠的泪珠儿，一见着轻轻拍伊肩头的风姨，便止不住泪珠儿纷纷地落下。枯树上几只 sentiment 的小鸟，正尖尖脆脆地唱"松山春雨"的歌儿，忽看见小柏儿这等伤悲，歌兴顿阑，又不好把什么普通的应酬话来慰藉伊，便一刹儿飞到别处唱去了。只有那打在瓦上、板上、地上的雨声，轻轻重重，远远近近地送到我耳鼓中来，使我忽然记起旧译罗细特·约翰生（Rossiter Johnson）的雨歌，歌曰：

　　他如何落，落，落，
　　落到这无涯的平陆！

> 他如何奔流到人家的门边！
>
> 他如何浸湿了行人的双足！
>
> 他如何低低敲着雨板儿鸣！
>
> 他如何打得蘼芜碧草乱纷纷！
>
> 他如何太息，悲吟，低语，
>
> 从黄昏直到天明！

　　这首诗还是我去年春假中安排做《易慈（Yeats）与 A. E.》时译的，距今可一年了。可是读这首诗的时候的情调，却是一样的。因为同样是初春，同样是初春风雨：所不同者人世风狂雨骤，把我们俩瓣香低首的梅花，一夜摧残。西望故国，想招那一缕梅魂，又凄凄蒙蒙不知向何处招去。当这样风雨愁人的时候重读这首雨诗，真叫人太息、悲吟、低语，从黄昏直到天明啊。

　　"春来了！春来了！"这是我这一周来在被窝中间，花园中间，和野外边所听到的自然的私语——

> 阳春，阳春，美丽的阳春，
>
> 你载着荣誉与光明以俱降，
>
> 你用那绿叶、鲜花和蝴蝶之翼，
>
> 把地球弄成一个仙乡。
>
> 灿烂啊，莲馨花——勃蓬啊，紫罗兰，
>
> 馥郁的春风碎饱夫万花之间。
>
> 起来啊，懒汉！谁还能够昏昏酣睡，

> 不见那云雀已在碧空之上，蜜蜂已在棕榈之巅？
>
> 唱起极美的歌，弹起极高的弦，
>
> 且弹且唱同迎此美丽的春天。

　　读歌客（Eliza Cook，即英国女诗人伊丽莎·库克）这一节春歌，尤觉得满身都漂着"春之欢喜"（joy of the spring）。四季的职分：春生，夏长，秋成，冬藏。春之欢喜真是一种"生之欢喜"（joy of life）！我和漱瑜两人在冬上遇了 our dear father 的"死之悲哀"以来，就没有真欢喜过一天，天天以我们凄怆的心眼望着天的灰暗色的面容！直到春天来了，天的脸色也为我们 cheer up 几分了。我们的心、眼也清明几分了。想起梅舅去年的信上有"兹际一阳来复之候，万物皆有昭苏萌动之象，汝二人能从此努力遂其自然的生长，余所望也"之言，我们俩从去年春天一经到现在，到底遂了几分自然的成长虽不敢知，然今则云雀又在碧空之上了，蜜蜂又在棕榈之巅了，我们岂能不及时奋发以慰此厚望我们的人？再一思及此厚望我们者，今已不幸成了隔世之人，谁又能自胜其悲哀呢？偶检阅爱读的德富芦花先生所著《自然与人生》的散文诗，至《春之悲哀》（Sorrow of the Spring）一则，此感益深。芦花先生曰：

> 步着原野，仰观着霞曼之空闻着草香，听着汤汤流水之歌，向着抚人似的和风的时候忽起一种难堪的怀想。刚想要捉他，又没有痕迹了。我的灵魂能不追慕他那远别的天的故乡吗？自然在春天里真是一个慈母。人

和自然融合，被抱在自然的怀中，哀有限的人生，慕无

限的永劫——就是在慈母的怀中感一种甘美似的悲哀。

嗐！哀此有限的人生，慕彼无限的永劫（grieve at our limited
life here and long for limitless eternity somewhere）。这不是我的春之
悲哀吗？

二 死之疑问

若是有谁愿做我的教师，

　我愿做他的弟子，

有些人说生命是愉乐的，

　有些人以为走得太快，

在时间上本无所谓现在，

　在永劫里没有过去，

　在永劫里没有未来。

我们笑，我们哭，我们生，我们死，

谁为我解这个谜："如何，何故？"

芦苇和他们兄弟点头，

麦穗相互地喁喁私语：

他们说些什么？他们干什么要在那里？

何以两加两成四？何以圆的不是方的？

何以岩石屹立，而轻云往还？

何以巨槲悲吟，而白柳长叹？

何以深不是高，高不是深？

何以我们独要醒，何以我们独要睡？

何以我们独要睡，何以我们独要死？

如何你是你？何以我是我？

谁为我解开这个谜："如何，何故？"

这个世界是多多少少；他的前途是彼彼此此；

但"当时"与"现在"又是什么意思？

我觉得有什么东西，但是如何，什么？

我知道是如此如彼，但是什么，何故？

我也不能说那"somewhat"是不是我？

夏天林子里夕阳在山的时候，

小鸟儿歌着——"何故？何故？

对面枝头坐一只大鸟，

细望他的脸叫道："如何？如何？

黑枭疾下温软的黄昏，

狂呼"如何？如何？"全夜不停。

何以血流尽了的时候，生命也去了？

什么是生命？灵魂到哪里去了？

何以教堂要建一个尖塔？

何以屋上要安一个烟突？

谁为我解开这谜儿："如何，什么？"

谁为我解开这谜儿："什么，何故？"

这首诗是英诗人丁尼孙（Tennyson）少时作的，叫作《如何与何故》（The How and the Why）。去年什么时候偶把他译下来写在一张图画纸上，今晚又偶看见了，真又引起我许多"如何？何故？"的疑问。其中最使我要和丁尼孙同声一问者，便是：

何以血流尽了的时候，生命也去了？
生命是什么？灵魂到哪里去了？

自从我的梅舅遇害后，这一类的问题常萦回于我的脑中。从前觉得想起来好笑似的问题到此刻都"面对面"（tête-à-tête）地想起来了譬如生何自来？死何自去？人何以有生？又何以有死？生到底是什么？死到底是什么？我虽然也看了一些从哲学上、科学上论死生的书，然看到的依然莫名其妙。因为旅行到那个未知之国去的，从古至今，何止亿兆，毕竟没有谁回到我们这个现存的世界，作一场的视察谈。所以那个未知之国，到底是黄金之乐园呀，抑青火之地狱呀？还是没有人敢下一句断语。

丁尼生的一八三〇年的作品中，使我读了疑念越深的，想去又实在都有道理，诗的表现又实在都颇巧妙的，便是《一切不死》（Nothing Will Die）《一切皆有死》（*All Things Will Die*）两首。这两首诗是他二十一岁的时候做的。他这个时候体验未足，思想也未成熟。观察大自然时，对于它那许多矛盾的现象，当然不能无疑；并且一方当十九世纪唯物主义的风潮，一方秉诗人思想家理想主义的素质，其对于生死问题所抱的疑念当更深刻。然而他既然还没有达到做伟大的"怀旧诗"（In Memoriam）的年龄，他这种疑问，当然终于疑问。

《一切不死》的诗曰：

> 在我眼底下的溪水，
>
> 何时倦流？
>
> 在高空上的清风，
>
> 何时倦吹？
>
> 白云何时倦飞？
>
> 心脏何时倦搏？
>
> 自然何时死？
>
> 不会，噫！不会，一切都不会死；
>
> 溪水长流，
>
> 清风长吹，
>
> 白云长飞，
>
> 心脏长搏，
>
> 一切都不会死。
>
> 一切不会死；
>
> 一切会变。
>
> 通过永远。
>
> 这是世界的冬天，
>
> 秋与春久已去了。
>
> 地球连地心都干枯了，

但是春天这个新客——

富丽瑰奇的春天，

将使春风吹得，

团团圈圈，

通通彻彻，

这里那里，

直等到重新的生命，

充满了空中地面而后已。

世界原没有创始；

虽有变化，然不会消失。

所以让它狂风怒号，

明月终古不能为之暗。

朝日终古不能为之摇。

一切没有生，

一切不会有死，

一切但有变化。

　　这首诗最终三句：Nothing was born；nothing will die；all things will change（一切没有生；一切不会有死；一切但有变化），便是此诗的主意。他原不愿意奉那种浅薄的乐天的自然观（见他的怀旧诗）。他也不仅说一切没有生；一切不会有死；他同时把"死"看作一种"变化"（change）。所以他加说"一切但有变化"。然而，人当隔岸观火时，见那烛天的火光映得满江通红，听见那儿啼女哭之声和房屋倾倒、火星爆裂之声一时俱起的时候，审美学

者能审出许多美感，诗人或者因此得一妙句，画家或者因此得一
名笔；但被火烧的当事者任是什么审美家、诗人、画家，只要不
是超人（？），当时恐怕不会有自己赏鉴、自己享乐的余裕。因
为那种"火灾"的事实（fact）惶惶然在他的眼前呀！死的问题，
何独不然。没有经过大病或亲爱者之死的人，每每抱着一种浅薄
的乐天的死生观，以死生一如慰人自慰；及至身膺巨痛，才骤感
一种精神上的空虚。"死者变化也"这些话，毕竟不能否定这个
"死"（death）的大事实，所以他那《一切皆有死》的诗曰：

> 蔚蓝的江波明明在我们眼底下汤汤地流着；
>
> 温暖的南风在天空里洋洋地吹着；
>
> 白云一片一片地飞着；
>
> 在这个五月的早晨，
>
> 谁的心都欢欢喜喜地搏着；
>
> 可是一切还是会死。
>
> 溪水将息而不流；
>
> 清风将息而不吹；
>
> 白云将息而不飞；
>
> 心脏将息而不搏；
>
> 因为一切必死。
>
>
> 一切必死。
>
> 春天不会再来。
>
> 噫！徒劳！

死在门口等着。

看！我们的朋友们都舍掉了葡萄酒和燕乐。

死在那里喊我们——我们非去不可。

放在底下，很深的底下，

我们非睡在黑暗中间不可。

欢笑忽已停；

小鸟的歌声不可再闻；

也听不到风过丘陵。

噫！无情！

听！我和你说话的时候，

死神已在叫着，

牙床落着，

朱颜乌着，

强有力的四肢硬着；

热血和冷冰混着，

眼球瞪着。

悼钟打着九下：

你欢乐的灵魂们少陪了。

这个老地球，

诸君都知道的，

几千万年前曾经产生的，

而这个老地球也一定有死。

所以尽管春风送暖，

尽管绿波击岸；

你终古看不到明月的光华。

看不到朝霞的灿烂。

一切皆有生，

你一去永不会回来，

因为一切必有死。

All things were born；ye will come never more，for all things must die.（一切皆有生；你一去永不会回来，因为一切必有死）这是这首诗的结论，把它和前诗的结论对照，全相反对，然则我们对于死的态度到底取哪一种呢？

原载 1921 年 9 月上海《平民》周刊第 68、69、70 期。

从悲哀的国里来

一　离乡的滋味

"黯然销魂者别而已矣。"这句话一点也不错，但也要等待你年纪大了一点，尝过了些人生的滋味，你才真正了解它是何等黯然销魂的事。不然也就不觉得怎么样。

民国五年秋，我在长沙师范毕了业，许多朋友都打点去当教员，我算是特别幸福，可以不必到教育界去 struggle for existence（竞存），反有到外国去继续读书的机会。因为我的三舅父梅园先生被任为湖南留日学生经理员，他要带我到东京去进高等学校。我听了这种命令时，赶忙和家人一起清检行李预备启程，又跑到那些相契的朋友那里去辞行。我动身前的几点钟还在吕铸嘉兄那里呢，随后回家别了母亲、兄弟、舅母和已有婚约的漱瑜，随着三舅于八月一日晚上搭沙市轮船动身。我这时心里充满了小孩子的欢喜，充满了宗悫式的雄心，充满了诗人的想象，毫不觉得"别"这个字含着何等甚深意义。这是我第一次离开长沙。

第二次离开长沙在民国八年，也是一个秋天。我从东京归国，在上海会了三舅，便回长沙。一回长沙，便使我领会得第一次离开长沙的意义了。我的同学死去了好几个，有的病亡，有的被兵匪杀了。在省城时，常好和黄衍仁、汪铁士到他家去谈天的吕铸嘉，我第一次离开长沙的前几点钟还和他相约将来如何同到欧洲留学的吕铸嘉，早已于半年前害了瘵病死了。因为我在报上作了一首长诗追悼他，一天在街上遇了他的父亲，他老人家那惨淡消瘦的面容上还含着微笑，向我致谢，我那时心里真是说不出的难过，寻不出话来慰藉他老人家。

还有惨过于此的，便是我的七叔七婶之死。我的七叔和九叔本在乡里种田，因为当时有许多人到江西某地开垦，回来的都把那地方说得非常好：地价如何便宜，开垦事业如何有望。也是因为湖南那几年收成不好，生计艰难，所以我九叔便邀了七叔变实了所有的家具，携了家小，千山万水地走到江西。不想天不从人愿，冒万苦千辛，披荆斩棘地刚垦了半年，这些移民挡不住那山岚瘴气，十人九病，我七叔便也病得不堪。因为病了，更是不名一钱。我七婶总算竭尽心力地在看护他，不想一天因为煎药偶然失慎，那小小的茅房顿时着了火，我的七婶赶忙把七叔从床上扶了出来，七叔因为还想到茅房里抢一两件东西，拼命地又跑到火里去，不想他老人家刚进去，茅房便倒了下来，我那可怜的七叔，便烧死在离乡千数里的江西了。

七叔死后，七婶从江西归乡，后来改嫁到某家，却因张敬尧祸湘，到处兵匪纵横，七婶为避免被兵匪的污辱，和他家的姑嫂一并投在塘里自尽了。如是我七叔夫妇两人，便一死于火，一死于水。

亲类中的惨事，不一而足。最使我伤感的便是我姨妈之死。

我常说我的外祖母做了两件"好"事：一件是代我三舅讨了一个好妻子，一件是代我姨妈配了一个好丈夫。她老人家以为这"男婚女配"是尽了她老人家的爱儿女的心，不知却是替他们预定了一条黑暗的、死的路程，叫他们一天一天非向那条路上走去不可。我的姨母的结婚生活中似乎不曾感过什么幸福，她只望生一个男孩子，将来大了也替她出出气。谁知也是天不从人愿，一连生了四个女孩子，直到后来，总算毕竟生了一个男孩子，但她腿上生了病，又没有好的医生替她诊，后来烂穿了七个洞，便于我外祖父家的西厢房里，断送她那三十年的黯淡的生命了。

这些惨事本来很够我觉悟人生的滋味，不过究竟死的是朋友、叔叔、婶婶、姨妈，于一个正在饥求着爱的甜味的青年，有什么多大的打击？世间有许多不幸的事，但那些究竟是降在别人身上的。我们却是运命的宠儿，但能于梦一般的幸福生活中，对于不幸者表深厚的同情便够了。所以那年八月中秋前，我为家人所送，冒着潇潇的晚雨登一小小轮船时，我的心里也不觉得怎么难过，并且还希望那船越开得快越好，因我带着漱瑜妹同行，而她的出门是没有得着她的祖母和她的母亲的同意的。这次旅行，虽是一种冒险，但实是我有生以来最甜蜜的旅行。我们都商量着将来的梦，对于故乡和亲人的留恋之情是很轻的。这是我第二次离开长沙。

我本不想这几年有机会到长沙去的。我和漱瑜都因为梅园舅父在长沙为豺狼所害，而此等豺狼尚盘踞长沙，豺狼一日不去，我们是不回去的，所以我们宁可把母亲弟妹接到上海来住。不想去年漱瑜在沪染病，误于庸医，日益衰弱，她急想归乡调养，莫奈何只得送她回去。那时我母亲也得了外祖母危笃之报，急欲归乡侍疾，便带了小孩子一起回去。可怜从上海动身，经过无穷的辛苦，无穷的危险，费去了三个多月的日子，才算勉强把她送到了长沙。在长沙乡里又住了三个月之久，只望她早占勿药，重登幸福的旅途，谁知运命的女神对于她的宠儿，亦无所假借，竟于去年末夺我漱瑜而去！我才知道"不幸"这件事不是单降于某种人的，是可降于任何人的！不是单降于他人的，是连我也会遭遇的！

我们不单是他人不幸的同情者，有时也是需要他人同情的不幸者。去年阴历十二月二十日黄昏，距我漱瑜之死的六点钟前，我从城里跋涉七八十里之长途，奔回我外祖父的家里来看她的病，她那时已经是病骨支离，欲哭无泪，坚嘱我莫离开她，要我送她的终。

我说："我今天心里很宁静，我确信绝没有那回事。"感觉到运命的严肃的她，冷然地说："咳，我最初也确信绝没有这回事，像我们在东京确信我爹爹绝没有遇害那回事一样，但是我的许多确信都次第打消了。"我又说："你放心吧，上帝决不会轻易把你召去的。"意思是上帝还得使你在世上多受些苦难，不肯轻易解除我们的责任。但是漱瑜毫不感觉得安慰，她绝望地说："上帝要召我们去是很容易的……你今晚务必要送我的终……我今晚死了是幸福。"我听了她的话，虽然心里像刀也似的割，但我仍是确信绝没有这回事，至少隔那"不幸"的距离还远。所以我外公坚劝我去睡觉时，我也和衣睡了一会儿。谁知我第三次起来看她，并依她的意思，扶她起来斜卧在我的右臂时，她竟在我的怀里长睡不醒了。我那时的心里仿佛遇着迅雷疾风，山崩海啸，只觉得宇宙的威力之不可抗，只觉得渺小短促的人生之无意义，只觉得运命之绝对的严肃。啊，严肃！我们曾否严肃地观察过人生？曾否严肃地创造过什么艺术！不！不曾有过这事，因为我们总以为不幸究竟是他人的事，究竟轮不到我们俩！

第三次离开长沙却是这回的事。在长沙的愁惨的空气里呼吸了将近一年，到了非离开长沙不可的境遇，年不过半百而白发如银的慈母虽然十分不想我离开长沙，但看见我的精神上和物质上都有走的必要，所以也只好让我走。

行李都已搬到城里去了，好就近搬到船上去。吃完了早饭，便同三弟到城里去找开汉口的船，有什么船便搭什么船去。母亲先说要同进城去送我的行。我们说："不必。"母亲便抱着我那可爱的孩子海男——哎哟，海男啊！我是多么爱你，多么不能离你，爹爹写到这里，眼泪滴了一纸呢！——送到门前路上，她老人家站在一棵松树旁边，嘱咐我们一路好生保养，又特别嘱咐我"以后别那样喝酒"时，我那孩子似乎也感觉得他爹爹此次进城和往常不同些。他并不嚷着要"爹爹买些条丝糕回来把海男吃"，却在她祖母怀里闷闷儿地，做出莫名其妙的表情，大约是他的冬姑妈告诉他"爹爹同三叔到上海去了"吧。

我们走到那松林里时，早听得海男哭起来了，一直走过那松林，还听得海男在那里哭。我听了他的哭声，想到长眠在枫子冲头的他的母亲。哎呀，漱瑜呀，恕我没有到你坟上来辞行。我是何等想来哟，但又是何等不忍来啊。我吞着带咸味的眼泪，一声也不响，撑着伞，只是走，走到新刷了粉的白皮靴上面飞满了很厚很厚的黑尘，这才对三弟说："水又退了许多呢。"因为已经到了湘水之滨了。

二　梦里的故乡

从青年会里别了柳、罗两君，和赶来送行的诸位朋友同到船上时，已经八点钟了。船小人多，房舱又恰在火舱侧边，蒸闷得不堪，一时头上汗如雨下。只得重借他们上岸，在江边立谈。谈起这半年间的影事，又谈到将来的计划，杂着又说了些笑话。站在江边警戒的兵士，等着接河江生意的车夫，在码头上卖水果的小商人们，听得我们时而笑谈，时而叹息，都睁着好奇的眼睛望着我们。我们谈到差不多要开船的时候，我五弟也提着篮子赶了来，我嘱咐他发愤读书，并且要他赶快下乡到妈妈那里去。因为妈妈骤然离了她两个儿子，心里一定寂寞得不堪，何况又在一番人生的悲哀以后呢？我和送行的诸位好友一一握别了，五弟同九叔重又送我上船，船本说晚上九点半钟开，但直到十一点钟才开，所以他们谈到很晚才去。后来汽笛一声，卖水果吃食的人都上了岸，这才听得机声轧轧，轮身打了个大兜转，向湘水下流直驶，一时水声震耳，清风飘衣，蒸闷之气为之一散。这总算真离了长沙了。我和同行的三弟、叶鼎洛君坐在船边的石凳上，手攀着铁栏，望着夜雾迷茫中的湘水，望着万家灯火的长沙，望着新由云中出来的半圆的明月，像都引动了各人的愁绪，相对无言，这时的情境，正所谓"晚风叹息白浪吼"（The night winds sigh, the breakers roar），我低吟着拜伦的《去国行》（My native land, good night！），不觉泪下。

船行极慢，只听得船两边竹篙打水之声，与报告"四尺五""五尺""五尺一""五尺三"……之声。夜越深，水也越深，风也越冷，他们也不打水尺了。我们劳苦了一天，昏昏欲睡，便下到舱里去寻找我梦里的故乡。啊！故乡，当于梦里求之耳！我们去年不是为求故乡而归的吗？去年在南通时，友人左舜生兄劝我们归上海，我们不是厌倦上海的喧嚣，想要到我们的故乡求暂时的安息吗？我不还引着威廉·易慈（William Yeats）《银泥斯瑚理之湖岛》（*The Lake Isle of Innisfree*）的首章：

> 好，去吧，到银泥斯瑚理去，
> 到那里去用泥和树枝建一间小屋；
> 去栽九块豆子，养一箱蜜蜂，
> 独在那蜂声嗡嗡的山径里享人间的清福。

来表示我们的忆乡之情，婉谢他的劝告吗？但我们一回到我们的"银泥斯瑚理"时，才发现我们还是异乡人。我们带的钱，在路上都用罄了。口称回去，其实无家可归。我们祖上留下来的唯一一栋房子，就是我的诞生地，早已卖给人家去了。我走那所房子面前经过时，几乎不曾哭出来，因为连我小时候攀缘过的那些果树都被新主人砍掉了。我们"上无一尺天，下无一尺地"，却到哪里去找泥和树枝建小屋，更到哪里去栽豆子、养蜜蜂呢？

我们后来只好都住在外祖父家里。漱瑜在养病，我们便在山里捡捡柴，舂舂米。我外祖父家里本来养了两大箱蜜蜂，平常每年要出十几斤蜜，可巧自从我三舅被刺之后，那些蜜蜂子都跑了。所以漱瑜气喘的时候，想要弄点蜜给她润润肺，得托人四处去讨，在平常是用之不竭的。乡里人都说，蜜蜂跑了主人"丁不利"。不想漱瑜果然也应了蜜蜂的预言，一病不起。人生不过数十寒暑，无贵无贱终于一死。她虽然不曾如她自己和我的愿，多做得一些事业，多过得几天畅快日子，但她总算归了故土了。最难得的是她死时所睡的床，便是她生时所睡的床。更难得她葬在她二姑妈即我二姨妈旁边，也可以不寂寞了。

我有一晚梦见读她寄给我的诗，醒来也做一首："是耶非耶谁能保，梦中忽得君诗稿。倦鸟欣能返故林，小羊姑让眠青草。平生好洁兼好静，红尘不若青山好。只怜尚有同心人，从此忧伤以终老。"她算倦鸟似的宿在故枝上了，小羊似的眠在青草上了。但我于她死后虽在生我长我的故乡生活了半年，却依然是个异乡人，依然是"上无一尺天，下无一尺地"，依然天天感着精神上生活上的不安。我的故乡人，爱我的，希望我于我不甚适合的希望；恨我的人，又罪我以于我不甚适合的罪名。我时常城里住得厌了，又下乡；乡里住得不安了，又上城。我总觉得我眼里的故乡，还不能慰藉我的乡愁。我觉得我在异乡异国受了侮辱、冷遇，感着人生的凄凉的时候，我景慕、我希求、我恨不得立刻投到她怀里的那个故乡，似乎比这个要光明些，要温暖些，我光景是回错了！我的灵魂他又引我到所梦想的那个故乡去了。啊！梦里的故乡！

三 不堪回首的那一夜

历尽艰辛愿尚乖，双双忍见旧时鞋。

随将沧海无边月，踏遍樱花第几街。

南通旅况不可忆，西子游踪难去怀。

待到一身人事尽，猖狂乞食到天涯！

——悼亡诗之九

　　船是离开长沙的第三日早晨到汉口的。从长沙动身的那天，恰好接着武昌"时中书社"胡文兄的回信，说我们若在汉口有几天玩，要找一地方放行李时，当以升平街的武汉书业公会最为近便。所以船一抵岸，我们便叫挑夫先把随身行李挑到书业公会去，想回头叫那里的佣人来接那些落了舱的行李。但到书业公会一问时，才知道胡文兄还没有来接洽过，打电话问他时，他又不在家，没奈何权把那些行李寄在那里，一面要三弟和鼎洛去把船上的行李也搬起来再说，我便到刚才经过的长郡会馆和湖南小学，想找一同乡人交涉一最妥当的寄行李的地方。湖南小学便在长郡会馆的贴邻，到长郡会馆去看时，里面正在修理房屋。右边一间花厅内有五六个脑满肠肥的人正在用饭，我也不便去惊动他们。又走到湖南小学，却见一间广厅，一座戏台，桌椅都堆在戏台上面。广厅上几个小孩在那里滚圈，一个中年人同一个老婆子坐在厅旁一条高凳上谈天。我问那中年人时，才知道"学校放了假，先生还没有来呢"，于是我想在异乡找同乡人的计划便失败了。这一来只好仍照原定计划把行李权且寄在书业公会。及到河下去接行李时，则见他们两人站在趸船上，为十几个挑夫所包围，眼睁睁望着那几口大书箱、画箱没有法子。我说："怎么啦？三弟说："由这里到升平街这么近，他们要四五块钱呢。"我说："哪里的话？"鼎洛说："他们凶恶得很，执意非要这样多才肯替我们挑，并且还不许别的人挑呢。"

这一下我才觉得我们真做了异乡人了。一时无法，才想起民国八年我带漱瑜到日本去读书经过汉口，去年送漱瑜到湖南去养病又经过汉口，都曾住过的那丽华栈来。我此次原怕旧地重经，容易惹起悲感，才不要住栈房。但事势如此，逼我非住栈房不可，便飞跑到丽华栈，和那老板商量，要他派一得力的茶房去替我们接行李。他便叫一个剪着西武头、镶着金牙的少年随我去。我心里急得很，但那少年他只是含着微笑，低着头，用右手提着一边的裤脚，不慌不忙地跟着我走。我们走到趸船上时，那凶恶的挑夫依然与他们两人相持不下。我同来的这少年把手一挥，对他们含着什么意义似的说：

"挑起去呀！"

"挑到哪里去呀？

"挑到我们栈里去呀！"

"挑到你们栈里去也要这样多钱呀！"

那少年便对他们搭我们不大明白的"里手话"。隔了一会儿才到我面前，露出白中嵌着一点金的牙微笑着，低声对我说："你们先一头说挑到我们栈房里去，话便好说多了。因为你们说过要挑到升平街，所以他们才敲这样大的竹杠，现在他们一定要这样多。"说着把手一约："我看恐怕非给他们这样多办不到了。"说着又把手一约："唔家看怎么样？

我根本不懂他手指约的是多少，所以也索性不管，便对他说："一切都拜托你，随你去办吧。"他回头对他们说：'这位是我们栈房里的熟客人，你们得帮帮忙，算这样多吧。"于是他们便妥协了，掮的掮，挑的挑，抬的抬，七手八脚，前耶后许，才算把那五六件大行李弄上岸了。上岸后，我们本要跟着行李走，同来的那少年一把扯住我说："让他们先走不要紧的，现在汉口很戒严，你们这样多人押着这么重的行李，恐防有些不便。"于是我们便也不慌不忙，远远地跟着走。不一时到了栈房，把行李都交割清楚了，账房开力钱时，我交给他十元钞票剩了八元，我才知道出了两元。于是我第三次离乡所遭遇的第一个困难问题算是这样解决了。

在丽华栈吃了早饭，便要老板派人送我们到集稼嘴，去找在湖南五色公会办事的谈梓章兄。我们渡过那黄流汹涌、与长江直角相交的汉水，通过好几条半为铁锚、铁轮、铁条霸占了的街道，留心四面观望，可没有见什么"湖南五色公会"。因问一个坐在街边和一卖哈德门香烟的女子闲谈的警察，他才指示了我们应去的路，并且说："你问的是五邑公会吧！"我们照他所指的路，走到目的地，我才恍然知道我弄错了。我疑心是染业的同业组合的五色公会，却是长沙、浏阳等五邑的船帮公所呢。入门问当差的："谈先生在家吗？"他便叫了一声："谈先生，客来了。"不一会我那矮墩墩、面团团、肚子大得像弥勒佛似的老同学，一摆一摇地出来了。我们足有五六个月没有见面，他赶忙邀我们上楼叙叙阔别之情。我去年回湖南住在外祖父家里时，他曾由他那边乡里远道来访我，并且看漱瑜的病。漱瑜死的前两个星期，我还在他家，受他夫妻很亲切的招待。后来漱瑜过了，他还寄过我很深厚的同情，他此时会面仍不免为我慨叹。他留我们吃了午饭，便邀我们同去游伯牙台。我们通过了林立的烟突内吐出或黑或白的煤烟如云物之变幻的汉阳兵工厂；我们通过了以晴川阁为头隆起像乌龟似的大龟山；我们通过了"对英经济绝交"与哈德门香烟同时存在的、连四五岁的小女孩都缠着小足的汉阳城；这才七弯八转到了古琴台。所谓古琴台，也是荒凉寂寞的自身！进门去，那几间空漠的厅堂，乱石当阶，黑烟满壁，显然是乞儿流浪者在这里煮过饭的痕迹。再进去，一带破旧的粉墙上嵌着以"壁上题诗吾去矣"为末句的四块石碑。那前临月湖的几间亭子已经是断瓦成堆，颓垣无迹，只剩几根柱头枯骨似的表示它当年的存在。据梓章说，以前我们到这里还可以看得见伯牙的石像，现在不知搬到哪里去了。我们在亭子前面徘徊了好一会儿，只觉得这个地方好极了。三面都是满长着芰荷的月湖，荷叶中时有小船往来，万绿之中着几点深蓝谈白，色彩已够醉人，况好风忽来，万荷齐动，清芬所扑，五体皆香。好事者特卜此地为伯牙琴台，也可谓不负伯牙。不过我们来时，此地别无游人，只一母猪在台旁树下贪甜美的昼眠，却是何等深刻的讽刺。

出琴台后，游了辛亥革命时曾为民军司令部的归元寺。五百罗汉雕刻之生动，颇足以证明中国人艺术的天才。寺前池内养着无数的乌龟，投以食物则万头攒动，使人见了心里作恶。出归元寺后，复步行至鹦鹉洲访祢衡墓。葛在水龙公所左侧，内面扎了兵。我们进去时，那守门的问我们："找谁的？"我的同伴笑答："是找祢先生的。"我说："不是找谁的，是来看看祢衡墓。"那兵士指着左边一张小门放我们进去。我们进去一看时，原来是一个长方形的院子，后面有一栋上下两间的楼房，似乎没有住人。中间一座古墓，四面用花岗石围了，上面丛生着秋草，还垂覆着枯萎的藤萝，前面有一条缺脚的石台，靠着那石台上面的墓石上横刻着"汉处士祢衡墓"六个大字。啊！这就是那使千古之后阿瞒的子孙闻鼓声而知惧的祢先生的长眠之所了。去年在南通时，曾谒过骂武则天的骆宾王墓，今年过汉阳，又得谒骂阿瞒的祢衡墓，也可谓不幸中的幸事。与他们低回有顷才就归途。途经晴川阁，又鼓起将疲之足力，登阁啜茗。阁上的对联只剩了"青春鹦鹉起楼台"一边。阁前有两树，高几与阁齐，由树巅可以望武昌的黄鹤楼。时日色将暮，灯火渐多，晚风萧萧，烟波激荡，征帆影少，汽笛声悲。我们各喝了一杯清茶，也无心再坐，便下了阁子。转至比来时较上游的码头，渡了汉水，便要归汉口栈房了，梓章又定要邀我们洗澡，洗了澡又邀我们去游新市场。在新市场却又引起了我的怀旧之情。原来在上海时多曾偕老母、弟弟及漱瑜在大世界听过的那唱大鼓的白云鹏，却在此间献艺。他这晚唱的恰又是他常唱的《孟姜女哭倒万里长城》："只哭得天上的飞鸢难展翅，只哭得深山的猛虎似绵羊，只哭得日月无光天地惨，只哭得哗啦啦那长城倒了一版墙……"我心里想，倘若我做了范郎，情感那样激烈的漱瑜必定做了孟姜，但于今她先我而死，我却在这里"及时行乐"……她的母亲在乡里对人说："漱瑜初死时他还哭得很，但不过几个月，他全然没有这回事了。"我真这样容易把她忘了吗？我的心事真有人懂得吗？……我不觉心潮腾涌，热泪夺眶而出。听过大鼓后，梓章又邀我们在菜馆晚餐。席间痛饮花雕，意识才稍微模糊，跟跟跄跄穿过英租界，望河街走去。冷清清的洋街上，印捕与"支那兵"鬼魅似的站在街心，偶然一两乘人力车通过，上面却坐的是一些油头粉面的吸血鬼，在银白的街灯之下，拖几条纤长的黑影而去。我们正通过某路的街心望中国界去时，忽然听得后面一声怪吼，一个圆睁着两把火炬似的眼珠的怪物，望我们笔直冲来，我们不是跑得快时险些膏了它的齿牙。好容易跑到河街，找到了丽华栈，叫开门进去，栈房的人早已睡了。茶房领我们上了三层楼，开了后面一间房，把电灯也扭燃了。我们随身的行李也排在这间房里，房里有两个铺，我们的铺盖也替我们打开铺好了。但是这、这、这间房子不正是我去年同漱瑜尝了千辛万苦，经过汉口归湖南时住过的那间房子吗？当日漱瑜不是睡在靠窗子的这个铁床上吗？我不是睡在侧边用两条凳；支起的这张藤床上吗？我不是在这床上用极度紧张的神经听她的呼吸，生怕她又气喘吗？我不是一听得她气喘，便起来用预备好了的热水瓶里的开水，冲些杏仁露，或她喜欢的果子露去喂给她吃吗？我不是怕她吹了风，把那边那扇缺了一块玻璃的窗子用手巾挡起过的吗？我那天为回湖南的船费不足，过江去找朋友借钱，不是把她一人丢在这间房子里吗？我一去几点钟，她举目无亲，要什么东西喊人又不应，并且也没有气力喊，喊得来，他们那些茶房也谁能细腻地体她的意思招扶她？她气躁起来，急得独自一人哭得转不过气来的，不是这间房子吗？我每一想到她那样神经敏锐、感情激烈的女子，百事好胜，偏得下难治之症，身体弱到差不多随时有死的可能，这时在归乡养病的途中一切全靠唯一的伴侣招扶。但他们俩现在由远道归来，盘缠到这将近故乡的异乡时已是不名一钱。他必得想法子去筹钱，她也必得让他去。但她随时气喘，随时要起来吃药，随时要人招扶她，也只好勉强忍耐，专望她的伴侣速速回来。但她的伴侣因为在异乡借钱不容易，在势不能速归，这时她只好独卧在异乡客舍的楼上老等，她的敏锐的神经不能不驱起她想象她的伴侣的借钱的结果。借得到固然好，设或借不到，至少一时不能不留滞在这举目无亲的异乡。平时久在异乡，还没有什么。此时身有重病，设或病愈沉重，又无钱医治，纵不致埋骨异乡，但于生前不能重见故乡风物和生身的母亲、亲生的爱儿一面，是何等不甘心的事！她越等她的伴侣不归，她必然越焦急，越焦急，她必然越气喘，越气喘，她必然越心里慌，恐怕她于伴侣未归以前早作了异乡之鬼。漱瑜啊，我从武昌归这间房子的时候，你不是睁着泪眼望着我吗？你脸上不呈着十分的慰安之色吗？你不知道因为你的病弄得神经过敏的我，也一路上提心吊胆，生怕我还没有回来你便有什么差错呢！……我每一想到这里，我的心便碎了。

现在不幸又恰好给我想到这里的最良的机会；于是我那模糊了的意识全然清醒了。我隐匿着我的说不出的悲哀，脱了衣鞋，便睡在这铁床上，即近窗的漱瑜当日睡的这一头，把窗子打开，满拟寻此旧梦，但自早晨以来，为搬行李上岸，为到集稼嘴访友，为游汉阳城、伯牙台，为瞻仰归元寺，为谒祢衡墓，为登晴川阁，为游新市场，为听白云鹏的大鼓，为拼命喝花雕所疲劳的我，倒在床上，在他们的谈笑声中，暗自伤心了一阵，也自昏昏地睡去了。

原载《醒狮》周报第 47 至 51 期所刊《南国特刊》第 1 至 5 号，1925 年 8 月 29 日至 9 月 26 日出版。

我的上海生活

一　上海之雨

　　心里辛酸的泪，街上凄清的雨，

　　穿过我的心的，是哪来的愁绪？

　　这几天的雨总算够大了，黄昏一直落到半晚，半晚一直落到天明。无论你在读倦的案头或梦回的枕上，你都可以听着它那潇潇之声。我正在经营个影戏公司，虽然因此要中止拍戏，不免仰天兴叹，但是心里和眼里都感觉干燥的我，也不禁与我们"可怜侣离雁"（Pauvre Lelian）同叫一声"O bruit doux！"（清凉的雨声）。"可怜的侣离雁"者，法国颓废派诗人保罗·魏尔伦（Paul Verlaine）之别名。中国这几年研究外国文学的颇多，他的名字似乎也有人介绍过。他的《秋绮》（Chanson d'automne）似乎也有人翻译过。他的《秋绮》韵调之佳，固然可使不懂法文的单听声音已可触着一种萧森的秋气，但他的《雨诗》，只念第一句已够我们黯然销魂。啊，"心头的泪，街头的雨。"

　　去年我在长沙城南书院的时候，也曾遇过几次的大雨。那时我丧了我的漱瑜不过一月，独宿在那广大而阴沉的教员室中，听着那连绵不断的雨声，想起我过去未来的心事，也不知流过多少眼泪。记得当时曾在枕上口占过一首律诗：

久未潇湘听夜雨，凄清何必打芭蕉。

滴来檐下愁如泪，酒向心头怒似潮。

梦寐不成空辗转，寂寥难慰欲号啕。

披衣起坐迟天晓，谁念春寒袭褴袍？

这首诗虽然做得不美，但是很真。因为我从不曾独自一人睡过。一旦丧偶之后，独宿空斋，又听着凄厉的雨声，真是说不尽的寂寥之感。不过现在却不然了，或虽然依旧是寂寥难慰，但我决不号啕了。我现在是要做事，无论是好事歹事，我总是干成功一两件。我若不是有事业上的野心，我实在对于这样的人生有些疲倦了。虽说我年纪还轻。

哎呀，刚才以为天要晴了，此刻又下起雨来了。破碎的心坎中，又流出无端的泪了（Il pleure sans raison dans ce coeur qui s'écoeure）。

二　上海之夜

去吧，一切虚浮的欢乐啊，

你和度你的放荡生活之夜一般的短促。

人生没有一样甜美的东西，

我们若用明眼看它的时候，有之则为忧郁。

啊，再甜美没有的忧郁。

去年谷崎润一郎先生游上海的时候，常邀我到跳舞场、酒馆，甚至外国堂子里去玩。因为我任在什么欢乐场中，总是皱着眉头，带着寂寞的微笑，如是他便上我一个雅号，叫"忧郁病患者"。

一日，我们从北四川路坐汽车到一品香，车中有一个很俊美的日本太太，同我坐在一起。谷崎先生看见我那种眼梢也不敢回转来的样子，他又笑着问我说：

"田先生，你的忧郁病又发了吗？"

谷崎先生有一个心爱的舞女在洋泾浜某跳舞场。有一天我们从一家酒馆出来，他说："我今晚介绍你一个上海唯一的美人吧。"我当然高兴地跟他去，那时虽已夜静更深，但那个跳舞场中，却正为酒香烟雾所弥漫。在那弥漫的香雾中，却又流动着轻快的音波、明艳的色彩，使人一入其中，便忘记了刚才所自来的世界。尤其是第一次进跳舞场的我，更感觉得那种刺激之新鲜而强烈。半醉的水兵伸出那肥大的手，抱着阿拉伯的王女似的妖姬乱舞。有的脸上搽着白粉。有的沾着由舞女嘴上来的胭脂。有的一面舞，一面用手打男子的耳巴子。有的一面走，一面扭转头来，望我们一笑，伸出一只肥白的手来，翘着小指尖，很不客气地捻着我们桌上的盒子里的朱古力糖，往口里一丢，又一颠一颠地跳过去了。有的由这一边桌上取一包糖，丢到另边桌上去。有的把自己的头发上的红带子解下来缔在和自己跳舞的男子的头上。有的取了水兵的帽子，戴在自己头上。有的把自来火折成无数小段，拈起来望男子的脸上直撒去。有的逼着男子开了香槟，自己喝一口，再把剩下的捉着男子的耳朵灌下去。凡此种种，多为我这忧郁病患者目所未及见，耳所未尝闻。我陪谷崎先生喝了几口绿酒，谷崎便找他所爱的舞女跳舞去了。那舞女姓某名某，是一个穷画家的妻子。不幸那画家废了一只眼睛，不能执笔了，他便和他妻子流到上海来，凭她那解语的妩媚，解舞的腰肢，支持他们的生活。她与谷崎先生舞后，便同坐在我们的桌上来，抬着她那清澄的有魔力的俊眼问我：

"你为什么不跳舞呢？你对于跳舞不感兴味吗？"

"我虽然很感兴味……"我答道。

"你不知道他是个 Melancholia 患者呢。你有什么法子医好他的忧郁症吗？"谷崎赶忙带着恶魔的微笑替我代答。

现在谷崎归国又半年了。我这忧郁症还不曾被谁治好。但那舞女的心里，也早没有谷崎了。

我在上海的夜里，公宴、茶话会、酒馆、咖啡店、跳舞场，又过了不少的日子了。我发现他们眼与眼、口与口、手与手、足与足的交际，可不曾发现他们真正的"心与心"（heart to heart）的交际。我不能不三复英国诗人的名句了：

"人生没有一样甜美的东西，我们若用明眼去看它的时候。"

原载《上海生活》创刊号，1926 年 12 月 15 日出版。

荆棘之路

她的心常做些可爱的事，

充满我枯槁的心胸以纯朴的花儿；

在我岑寂的心弦上弹着和谐的调子，

使我在不欢愉的时候得着欢愉。

——From John Masefield's *"Her Heart"*

一 她眼中所见的最后的信

十四年十二月二十日（阴历）的事，这是我再也忘不了的。我听得漱瑜危笃的信，由省城急速回乡。这天真如同伴者皮达三君所言，是"轻风细雨天"，天虽示了我许多不祥的前兆，但昧于运命的我，并不觉得。他只觉得所谓"危笃"，不过是他所爱的人催他急速回到她的床榻前的有效的符咒，这种心里的不安像风过后的湖波马上便要平静的。他始终怀着和他快会面的爱人在花前下清谈、山巅水涯携手的希望，尤其是希望他的爱人因这次大病之后一变前此保守退婴的态度，下勇猛的决心，继她那贡献了碧血丹心于其乡国的父亲梅园先生之后，和他向人生的战场进攻。他相信这是有把握的。因为她的态度实在已经大变了。第一她从前是非常朴素的，布衣布裙与罗绮满身者立不以为耻，现在她忽然要穿穿美丽的衣裳了。她说她的少女时代不曾花过一下，不曾穿过一件红的衣裳，太可惜了。她于黄衍仁兄与罗曼女士结婚的席上居然赶成了一件水红的袄子穿了。那天她很高兴，她侥幸她身上虽然瘦得不堪，而脸上还不十分瘦，她细意地化妆，在她那爱戴的黑绒帽子边上，还安上了一朵鲜花。倘若不是因为她的脚上无力，走起路来非常吃苦，谁不以为这朵病的蔷薇（sick rose）重向春风颤抖，涅槃后的凤凰（phoenix）又从死灰中复活呢？不过这终是我们的希望吧，蔷薇终于要谢了，凤凰终于要成灰土了。那回之后，我们永不看见我那粉妆玉琢的漱瑜了。

我同皮达三兄走到离我故乡不远的崩塥了。雪后的村市，屋角林间残留着许多白块。因为细雨不止，没有铺着花岗石的路上都被往来的货车轹成一条条的辙痕。绕着这村市的是一湾就干的河水，一排倒垂的枯柳下停泊着几只鸬鹚船，鸬鹚都闲在船篷上，因为水太浅了，轻易找不着它们的牺牲了。他在村头眺望了一会儿，回到达三所坐的茶店里来。这茶店，一家杂货店的贴邻，那杂货店便是邮政代办处所，他们窗上排列着许多无法投递、或盼人亲自来取的信件。我们的信件是照例由枫林港邮局代转的。此处本不必有他的信。他不过好奇地在那里看看。只见许多白封子上面印着或黏着红条，受信人无非是张大公、李九老爷、粟抚生、何有信、胡二娘、齐三太太之类，但他忽然发现了一封和他有关的信：

长沙东乡枫林港邮局转歌棣塘易崇德堂

易漱瑜女士收启

湖南省立第一女子师范黄寄

他想起了，当他同漱瑜回湘住在黄衍仁兄家里请他的令尊看病的时候，曾有一个比漱瑜还年轻的女学生来看她的病。据漱瑜说，她是她吉林幼稚园时代的老同学，那时漱瑜刚六岁，她的同学只得三岁，但她们之相亲相爱就同嫡亲姊妹或多年好友一样，一刻子也不能分离。但人生多故，她后来不能不随父南归，她的同学不能不随祖母到青岛。她的同学十岁由青岛归长沙，在乡里的自己家里读了两年书，昕说漱瑜在省城里朱剑凡君办的周南女校读书，便由乡赴省，也加入这个学校，这时漱瑜已是高小三年级了。她的好友虽不和她同级，却和她同在一个自修室里读书，同在一张床睡觉。早晨起来，漱瑜替她梳辫子，她上课后，漱瑜把她从教室里接出来。这是她们第二次的战友重逢了。漱瑜在周南中学一年级的时候，我刚从日本回，接漱瑜赴日，漱瑜由校中动身的时候对她的朋友说：

"我的祖父病重，我不能不回去招扶，反正等一两个礼拜又要回来的，你别记挂我，好好地读书，一切的事都拜托三姐了。你晚上可以同她睡吧。"

三姐是她们称朱剑凡校长的令侄的。这是漱瑜和她的朋友数载的交游中第一次撒的谎。她的朋友课也不上，泪盈盈地把她送到学校的大门外，反复嘱咐漱瑜："别多在乡里耽搁，快些回校。"但她不久发现漱瑜的小小的不诚实了。因为第四天早晨，她便接了漱瑜从武昌寄来的邮片，报告她要同我上东京了。

在衍仁家的看病是她们俩第三次的重逢。她来看过漱瑜两三次。漱瑜说她头冷，她曾替她打过一顶帽子。漱瑜由衍仁家动身下乡，她曾到桥边送她。她听衍仁的父亲说漱瑜的病甚为危险，她曾哭过一个月。现在这封信便是她写的了。漱瑜的短的一生，更兼落落寡合的性格，她的好朋友不能算多，及重病归乡，真能看护她、帮助她、挂念她的，只有这黄女士。我赶忙把这封信取下来揣了，依然同达三赶路，因为时候已经不早了，打车子的人有些已经预备落店，过渡的人也渐渐稀少，太阳渐渐要"飞蛾贴壁"的那一带山，山边的人家有的已冉冉冒出炊烟了。过了枫林港，又是一座山，形势环回伟丽，我不觉停步，黯然低首了半晌。达三似乎知道了我的意思。他说：

"梅臣先生便葬在这个山里吗？"

我点点头，他也潸然泪下，因为梅舅生前曾以"浑金璞玉"许达三，吾舅遇难后，达三困顿无聊，于兹三载，一日遇吾舅之坟，不能无知己之感。我们感叹了一回，匆匆上路走过那山腰，回首一望，还望见吾舅坟头的一株松树巍巍然矗立于夕阳之中，就像华表一样。我心里默祷道：

"三舅啊！您的爱女病得好苦，您老人家要保佑她快好啊！"

但我的默祷不为三舅所听取，当我们到了我外祖家，我一入漱瑜的病室，挑灯掀帐，看见我那病骨支离的可怜的病人时，我早已知道她快要不为我所有，快要到她的父亲膝下承欢去了。

"你回来得好。你可以送我的终。我能够今晚死便是幸福。"

"哪有的事，你别这样忧虑。好好地静养吧。你看密司黄还有信来问你的病，并且替我们辞年呢。"

我拆开黄女士的信，——一封信，一张花邮片，——送到她的眼前，她模糊地看了一下，点点头，好像回忆着什么似的，但是什么也没有说。这封信，是漱瑜所看见的最后一封信，因为六点钟后，她便靠在我的手上与她的一切亲爱的人长辞了。这时候的情状，我不愿意回想。下面这首诗——悼亡十首之一——是个简括的实写：

两闻危笃殊难信，细雨寒风奔到门，

掀帐挑灯看瘦骨，含悲忍泪嘱遗言。

生平一点心头热，死后犹存体上温；

应是泪珠还我尽，可怜枯眼尚留痕。

原载上海《良友》画报第 15 期，1927 年 5 月 30 日出版。

忧愁夫人与姊姊

——两个不同的女性

致吴家瑾

静嫂青鉴：

真是有好久不通信了。槐秋说你不久要回上海来，怎么还没有来，你回来的时候我们都在广东了。因为写这信时槐秋已安抵广州，我呢正安排同洪深兄搭德国船"Trier"号于明日上午动身赴粤。

赴粤的动机自然出之予倩屡次的电催，他昨又来了一信，信上说：

在上海报上得着些南国的消息，可是你们绝对不肯寄份特刊我看看。昨天方才收《戏剧周刊》，我实在高兴得了不得。我寄给你们的信想必都到了。这里的事也大致有了头绪，无论如何，我们可以来闹闹。你在上海的成绩很好，非常可贺，万万不能有停顿，再接再厉才是道理。可是我请你来，不是自私自利。我的态度和办法你是明白的。我们无论如何，走的是一条路。我请你来打一套开场锣鼓，越响越好的开场锣鼓。打了，你看两出戏，你再串一个角色，然后你又回到上海组织一次公演。或者你就来来往往，多和海亲近一下，我看甚好，你不以为然吗？戏剧运动随便哪里都可以做，将来我们还可以对于上海送输入，好比我们村里的女儿嫁给那边村里，养了孩子，将来又和我们村子的孩子结婚，岂不有趣？

　　我们都是南国的人，无论在哪里有了机会就干一下，这就是我们的精神，也就是南国的精神。就是没有机会我们也要造成机会，何况能稍有凭借呢？我从来只以事业为中心，不以个人为中心，你来一来并不是专为朋友的私情，我请你也不是田汉和予倩的关系，是要你分些工夫来卖卖气力。你来吧，不要迟疑。南国的同志们也当可以明白，这种举动与南国有些益处也未可知。总而言之你来吧。三天的海程也落得走一趟的。此时槐秋想已动身，你一个人飘零虽然寂寞点，在这个当口，少说些话，让你的脑筋清净几天也好……

　　因为他这样诚恳地要我去，就使此去毫无意义，我也得去走一趟，何况因此我可以坐坐久不曾坐过的海船，看看那向往已久的广州，到黄花岗凭吊七十二烈士的丰碑，到西宝华去访我那富有革命精神的姊姊呢？所以自南京归后便决定赴广州了。何况又有洪深先生做伴，海行不愁寂寞呢？

我们若是不安排到南京公演，也许就偕槐秋赴广州了。至少槐秋一定早赴广州了。他若不同我到南京而早赴广州，一定和高文等同搭了招商局的"新华"轮。他若真偶然而又必然地搭了"新华"轮，那么嫂嫂，你的眼泪可就永不会干了。《到民间去》里面的剧情，可要变成悲惨的事实了。就是槐秋也和高文等一样，早变成南海中的海藻了！虽说他死得不会很寂寞。

他在南京的公演中表现他最大的天才与努力。表示他在看台上的才能雄于在飞机上。这是同志们的公许。因着这看台上的成功，救了他水中的灾难，这是何等的侥幸啊。同时因着这种成功，救了他一种无谓的殉情，更是何等的侥幸啊！

他接着二嫂嫂的电报的时候他哭了。我拍着他的肩头说：

——槐秋，你大难不死，总有后福，努力吧。趁着这机会完全换过一种气质吧，把那种小资产阶级的气质完全去掉吧。

实在这不是我单希望他的，也是我希望我自己和我的同志们的。我们虽打起为民众的戏剧的旗号做了两次戏剧运动。但事实上我的戏剧隔真正的民众甚远，正和康女士批评沫若的《王昭君》一样，虽然得了一些知识阶级的同情，但在真正的劳动群众中影响绝少。这种失败，是任何大人物的称赞所不能挽回的。火雪明君在观了我们第一次公演后这么说：

> ……不过有一点最使我感到痛心的，我们在同一轮廓里呼吸的观众太整齐了，从不见一个蓝布制服的先生，也没有劳农与我们同时浸润在南国的艺术的空气里。所以说，论到普遍平民化的艺术时，南国社似已超

时代的——中国的目前的时代——在非绅士的小资产阶级前或知识阶级前最能得到相当的欣赏和赞叹，虽则未必是南国社愿意的素持的主张，但事实总在不幸的运命里明显地减少（也可说是提升）了民众艺术的价值。这实不是南国社离掉民间太远，是民间太不注意了南国社所致。所以对于南国社将来打算到学校或乡间去表现他们的艺术虽然是十二分的欣赏和感激，但观众未必能了解这个……

这位对于我们还算是看得起的，因为他的结论是：在教育未曾普遍的现在，民众是民众，艺术是艺术；从有民众的艺术决不会像我们戏剧给予一部分人所欣赏的那种艺术般深远。

但在南京公演后，在许多赞美批评的信件中发现一封使我非常惊喜、非常感谢、非常惭愧、非常警醒的信。这封信的作者是个二等小兵，但这二等小兵的责骂，比起那些大人先生们的赞赏来是何等有力量啊。

他说，第一，票价卖一元就太贵了。他们进来据说是同了几个伙伴对长官编了一个瞒天大谎，告了半晚假，在朋友处各贷了一块大洋，偷偷地带了满怀的倾慕来的。但结果他是很失望——

那些在座的观众除了几个寒酸刺眼的丘八外，多半是些豪富的先生、奶奶。"南国与民众"中的民众就如同欧美资本主义国度中德谟克拉西般的。真正地为社会服役的劳苦群众是没有清福来消受你们这种艺术的。一则他们绝对没有闲空来，二则那一块大洋该是怎样地难啊。我的意见你们最好把民众两字改了吧。干脆地称"南国与少爷小姐"吧……

因着一元的资格，所以你们排演的脚本不能不合他们的观众的口味。第一出《古潭里的声音》是多么。"玄"啊，"灵"啊。好一个追求灵魂的诗人！但在我们这些衣不蔽体、食不充饥的人们，何须乎这避开现实去求灵魂的东西。

《名优之死》是因上海一班专捧坤角的大人先生的玩意被你们看得眼红了吧。出出这口鸟气确实会惹动不少的破落的少爷和穷困的艺术家对你们表示感激。

《战栗》那个神经病因为是私生子摊不着财产，积愤不平以致杀娘。固然可以看出遗产的罪恶和祸害，但你们恐怕还没有胆量去否认那比遗产制更加罪恶的私有制度吧。末了那神经病要离开家庭去向未来找光荣，什么神秘呀，未来呀，自然呀，这是闹的什么玩意儿。脑筋要被你们弄昏了。

《未完成的杰作》是那么样地充满宗教哲理气味。

《父归》除了警戒放荡的父亲莫放弃他做父亲的权利外，更只显示一点日本人的小气量而已。

最后的《苏州夜话》剧情是诅咒战争与贫穷，这种乞怜声气，你们或许以为可以讨得那班吸血鬼似的军阀们的同情吧。他们会要发慈悲心放松那抽紧的索子吧。先生！伟大的先生！你的作品是多么背着时代的要求

啊！……我所倾慕的先生，莫要自命清高，温柔，幽美，
我们被严寒所迫的大众等着你们更粗野、更壮烈的艺术！

是的，"更粗野、更壮烈的艺术！"粗大的手写成的艺术，自然要比白嫩的手写成的，更伟大得多，有生命得多！我们在南京，演剧券价不能不略高，自然有不得已的原因，并且我们早已预备在演《黄花岗》时极"民众地"取价的。就是我们的脚本自然也有些不是随便可以颠扑得破的。不过这位"小兵"的热烈而直爽的态度实在使我们甚为感佩。我所写的第二次公演的脚本比起这一次来已经不同得多。我虽然是个最不肯逐时流的人，但时代的假的流行与时代的真的要求，自然大有区别！我们不必做流行作家，可不能不做应时代要求，尤其是为时代先驱的作家！那么这种"民众之声"不能不听！

槐秋这次动身赴粤那晚，我们在远东饭店开了一个房间送他。酒酣耳热之时，我也说了许多想要他听的话，他似乎想容纳了。我劝他别老是唉声叹气的，像个不长进的女人一样；劝他做事当求实际的、本质的，别先闹排场；劝他遇事拿出些担待来，别随便一点小事就愁眉皱眼，或是畏缩回避。——说起来这些也都是小资产阶级青年最易犯的毛病啊。

寒风大雪发新都，又向天涯送客舟。

南国诗人半漂泊，春江舞女尽悲愁。

此心未合相思死，有泪宁为惜别流。

且举尊前一杯酒，等闲休白少年头。

这是他由旅馆动身的时候我匆匆写给他的诗。"南国诗人半漂泊"，是我们共同的运命。"等闲休白少年头"，又是我们要互相勉励的了。您运命好时本可以做个很幸福的少奶奶，可是少奶奶又有什么呢？您得感谢槐秋不善做官，又不善治家，感谢他"没有出息"，才使您也知道怎么叫"社会"，怎么叫"生活"。更使您知道依人为活之难，漂泊天涯之苦。这些实在是锦衣玉食以上的天的赐予啊！我们宝重这些赐予对于新社会之建设，大大地尽些力吧。

和大琳离婚的话果然是谣言。正如已和维中结婚是谣言一样。不过我把离婚结婚看得比您不同些。离婚也无所用其"颤栗"，结婚也用不着那么"庆贺"。这不过是流动变易的生命的一种必然的现象，和"死"的性质一样的。

我现在是"Alone"，因为大琳在福建，维中在苏门答腊，明天这船于过厦门也许能见大琳，到广州后如有机会到新加坡一带也许能见维中。回头再谈吧。

在广州不多待。半月后即归沪，从事我们南国运动。

弟　汉

致康景昭

亲爱的姊姊：

当我录完上面几封信之后，我是在收拾行李预备明天和洪深先生动身到广州来，船票也买好了，船名叫"Trier"，由字音上你可以听得出是条德国船。

"但我有点不愿意见田老先生，因为这位先生对人说，将来要到广东来和我结婚。"这如我前信所说，实在是太冤枉了。我确实不曾对人家这样说过，也没有当真这样计划过，虽说我未尝不曾这样梦想过。梦想的事情，不敢当真去计划，当真去做，这实在是中国人的弱点，——不，人类的弱点。要不然，我们的社会应该比现在进步得多。

昨晚有一个多年不见的老朋友和我谈起中国的改造问题，他历数中国各政党的得失，真是颇有灼见。末了我问他：

——那么，你现在究竟属于哪一党呢？

他嗫嚅了许久，说：

——我哪一党也不属。

——那么，你哪一党也不赞成吗？

——不，我所不赞成的党我不敢打倒他，我所赞成的党我不敢参加他。一句话，就是我太没有勇气了。

啊，"太没有勇气了"。亲爱的姊姊，这句话真是一切"不死不活者"的批评啊！所爱的不敢追求她，所不爱的不敢舍弃她！

我曾经有过热爱姊姊的时候，虽说我明知道姊姊有了宝哥，而我也有了漱瑜。镰仓归后我和漱瑜曾有过一次争执。要不是漱瑜在我的心中太根深蒂固了，姊姊呀，你几乎变了我的一切了。

相聚才几时，姊就要归去。

寂寞矶头水，晚来无一语。

皓月照沙碛，微风摇松枝。

徘徊旧游处，泪如清露滋。

临别重致词——此愿何时偿？

色茵河畔路，携手话镰仓。

还有几首现在都记不真了。好了，反正都过去了，用不着在记忆中去搜寻了。后来你始终归了你的宝哥，我也回到我的漱瑜了。

漱瑜死后的这三四年间，我是何等的浸在泪的深渊里。我是何等在死生的境界彷徨、进退的歧途迷惘。

——为什么吾弟昔者实行革命的工作，现在连谈都不谈呢？

这不单是姊姊的疑问，许多朋友们的疑问，甚至于是我自己的疑问！黑夜里和新人会的新明正道君坐火车到大崎铁工场去演说的勇气不知道为什么鼓不起来了。

话虽如此，你弟弟究竟不是完全没有出息的人。他不是怯者。他终有奋然而起的时候，他真发现了他的世界的时候，他是能不顾一切向那世界迈进的。

"我甚希望你今后得一个贤惠的、不慕虚荣而富于革命性的恋人来安慰你，激励你。""此于你终身事业有极大关系的。"对，姊姊，他就是缺少这么一个安慰他、激励他的人。他或者容易得一个贤惠的，甚至不慕虚荣的恋人，他却很不容易得一个富于革命性的恋人！他们所能很容易得到的，是只要能解决自己的衣食住问题，却不管那"许多许多衣食不给的人呻吟在他们眼前"的人！这恐怕是现代青年有志者最大的悲哀吧。

不过这个我也许可以得到了。我这次到广东来，不是要来破坏姊姊和宝哥的幸福，我是想一来参观你们的幸福的家庭，二来看看我所久慕的你的故乡，那"革命的策源地"的广州，虽说"革命已经成功"了。临了，你弟弟关于文学与革命的意见，想在这月刊上慢慢地写出来，想在舞台上由演员的口里慢慢说出来。——现在所演出的自然还不是他所要演出的一切。他想再经过长时的习作期，他的成功之域还远得很。因此请你永远叫他"亲爱的弟弟"。别管他叫"田老先生"！

相见匪遥，先此道意。敬问俪安。

你的忠实的弟弟　田　汉

原载《南国》月刊第 1 卷第 1 期，1929 年 5 月 1 日出版。

给一个茶花女的信

白英女士：

我应该写"白蛾女士"吧，因为这据说是你替你自己取的名字，因为 W 君和 Z 君在广州组织光明社。你飞蛾似的慕着他们的光明，所以才用这个名字的，但是有一句俗话说得太不好了："飞蛾扑灯，自取烧身之祸。"你慕光明固好，但自取烧身之祸，却不必的。所以我想替你找别的同声字：白娥吗？虽然是美好的字，但被人用得太俗恶了。白俄吗？人家将疑心你是俄国的白党。白鹅吗？虽然使人联想那浮在碧池绿波上的倩影，但也容易引人择肥而食的心思，而你又是那么的瘦弱。所以我在宣传上决计不用这个名字，而用白英。这是很简单的，因为我多少年前写过一篇戏曲叫《咖啡店之一夜》，这戏的女主人公我偶然使她叫"白秋英"，我不好全然用剧中人物的名称，只减损中间一字，就写作白英了。我并没有向你把这理由说明，但你昨夜来书写作白英，那么你自己也承认了，是不是？

我又未尝不安排把你写作"白茶"，理由是据说你常常自比茶花女；但这自然更不好！因为不知道的人，或是精通戏剧的人会把你当作曹靖华译的俄国班珂作的名剧，甚或以为你是"HQO 烧到四十摄氏度"。我又想那么写作"白茶花"吧，这名字虽然

艳丽，但也太轻佻，太薄命了。又使人联想到文明戏上的所谓
《新茶花》，所以终于你叫白英了。

　　你昨晚的信，是说要等着我严厉的回答的，但我这回答的开
首，似乎就一点也不严厉，至少比写给 W、Z 的不严厉得多。Z
君一定又要拿起他的老调说我"偏重女孩子"了！是呀，我怎么
好对着一个含着眼泪、伸着手、向着我走来的女孩子说很严厉的
话呢？我是不能的。

　　但，白英女士，也难得你这样远随着他们到南国来，你既
然又将走入人生的歧途，许重要坠入你所谓"恶魔的手里"的时
候，让我给你一些忠告吧！这些忠告，也自然不过一些忠告，毫
没有强制你听信的意思，你不听信的时候，它依然有它的作用，
算我对一个抽象的所谓"白英女士"者写的信吧。抽象的，是我
时常想象一朵被罪恶净化的美丽的花，有人说不懂得病苦的人不
懂得快乐，没有受过罪恶的洗礼的，也许不能放出纯美的光辉
（但这又是何等抽象的、玄学的话）。

　　你的来信最使我不敢苟同的，是：

　　——知道我这样戏弄人是不对，这也是我一时的错误。

　　"戏弄人？"我最怕听一个女孩子讲出"戏弄"两个字！"戏
弄"者：是不长进的女孩子们滥用她们那小而又小的才智，廉卖
她们那丑而又丑的爱娇，赚人家来了，而她又走开的意思；但当
她自以为得计的时候，她不知她的灵魂早已着了万劫不拭的污
点，她的生命早已失去千修难得的光辉。"戏弄人者，人恒戏弄
之"，这是一定不易的真理；这才真是"飞蛾扑灯，自取烧身之
祸"哩！所以哲人戒人"玩火"（Don't play with fire）。

"这是我一时的错误。"姑娘，这真是你一时的错误吗？我幸乎不幸，是和一位你从前的好友同船到香港，同车到广州的；你假如承认戏弄人是不对，是错误，那么你的错误该不是一时的了！你似乎一直戏弄着人，也一直被人戏弄着，这真是你的悲剧！你说你现在完全明白了？恐怕未必吧？一个聪明的女孩子不容易明白她们说着什么，做着什么，她们容易犯罪，容易忏悔，容易又回到"魔鬼的手里"，这是我看得太多的事！

据说你常常自比"茶花女"（La Dame aux Camélias），我来和你谈一谈茶花女吧：我不愿意听你们三位那异口同声的感伤的文学，我只望你慢慢地知道茶花女究竟是怎么一种人物，她在说着什么？做着什么？

　　那宁　　姑娘，有人送来一束花。

　　法维尔　　这是我叫人送来的。

　　马格哩脱　　玫瑰和白丁香，那宁，拿去搁在你的房间里吧。

　　法维尔　　你叫马格哩脱·哥底曷（Marguerite Gautier）。

　　马格哩脱　　人家给我的别名是什么？

　　法维尔　　茶花女（La Dame aux camélias）。

　　马格哩脱　　为什么？

　　法维尔　　因为你只戴这一种花。

　　马格哩脱　　那就是说，我所爱的只有这一种花；把

别种花送给我是无用的；你若以为可以为了你破例，你
就错了，我碰了别种花的香气我就病。

这就是小仲马所创造的女性的特征了。她只爱这一种花，碰
了别种花的香气就病。这里可以看见她的人格的统一。因此她后
来才能够承担阿芒父亲的请求后直到她"能力不能支持的时候，
还紧紧地守着她的约"，这点才能使阿芒的父亲感激流泪，说
"你的勇气与牺牲精神应当得一个美满的将来做报酬"，才能使阿
芒说：

马格哩脱，我，心上真是抱歉到万分！踌躇到万
分！痛苦到万分！再也不敢进你这门。要是我不遇着那
宁，我只有站在街上，在那里哭！在那里祷告！

姑娘！你不是也有你所爱的花吗？听说你爱的是蔷薇花，你
曾取这个花名做你的名字，啊！白蔷薇！这是多么美丽、多么清
纯的象征啊！你真是学茶花女的，便应该始终配着这朵花，做你
人格的象征，指示你一生的运命，你不应该那么轻忽地把那朵花
揉碎了，扔掉了！

现在许我述一述我对于你的印象吧：我和 H 先生到广州的那
晚，T 先生便高兴地对我们说：

——这儿有一位交际之花很仰慕你们，今天安排到码头去接
你们呢！

当时我们自然欲知道这安排接我们的是谁，T 先生说：

——这很容易，今天是三十晚上，国民体教会有跳舞会，那位女士一定去赴会的！我可以在那里给你们介绍。

那天晚上，我们这两个旅行者就加入那大佛寺灯红酒绿、鬓影衣香的玻璃厅，听 foxtrot 的音乐了；我们刚一坐定，台上的音乐已完，电灯一换，T 先生引着一个把漆黑的短发蓬蓬地梳在后面、褐缎短衫、青色舞裙的女郎，含着微笑，轻盈地走向我们的桌边来了：

——这就是今天安排接你们的那女士！密司白。

——啊，谢谢你的好意，姑娘，我很欢喜认识你。

这女郎自然是你了！实在你给我的第一印象虽不很深，却不能算坏。可是 H 先生呢？H 先生却不是第一印象：原来你们在上海是认识的。那天晚上音乐一起，你便忙着陪 T 先生跳舞，一完你便和 H 先生谈话，我的注意却引到别方面去了。后来我们在广州虽然有两次公演，却不曾予你以参加的机会，参加的是孔姑娘，和李姑娘。

"田先生，你接到了我的信，大概你会觉得很奇怪，为什么我会写信给你呢？你知道我是谁么？……我姓白，名娥，西湖人氏。我是刚出世不久的孩子，现在还不满一岁咧，哈哈，我来上海的宗旨，是想找一个仁慈的妈妈，田先生，我希望你能够很爽快地答复我，说：'好，我就做你的妈妈吧！'那么，我真不知多么畅快！今天已是二十七了，上船的期间快到了，你想一个孩子希望他妈妈的心多么急切，可是夏天的日子又是多么难挨，啊！也许会是你女儿的白娥上。"初得这封信时，我确是免不了许多诧异。不知道我哪来这一个女儿！及阅 Z 君的信，才知道你到上海来的缘故。Z 君的信现在寻不着了，但他是说得何等兴高采烈啊！他似乎将以另一颗明珠来慰藉大海沉珠后的我，虽然不曾怀同样的希望，"然而人之好善谁不如我"，我怎么能拒绝一朵涅槃后新生的雏凤，"一个披着黑纱"，头上撒着灰，去见人子去的马格仑达呢？所以你们的船抵埠的那一天，"我安排同我兄弟到船上来接你们：我们在江南大旅社握晤的时候"，我是何等的高兴啊！我不曾把你当作一新来的旅客，我只觉得你好像一个迷了路的小白鸽儿，回到了她的母巢。你还低声地托 Z 问我，不知道我接了你信没有。

——姑娘，接了，我同时接了你的灵魂归于上帝了！

我几乎要像 Les Misérables 中的 M 主教正把银蜡台交给 Jean Valjean 的时候般兴奋地对你说。那一天你随即同 W 君们到我的家见我的母亲，看我的排戏，看我排新作的《南归》。你听到那漂泊者接了手杖，戴上帽，提好行囊，背好 Guitar，用小刀刮去一年前在树皮上雕下的情诗，拾起一年前留下的破鞋，哀吟：

> ……
>
> 我，又要向遥遥无际的旅途流浪！
> 鞋啊，何时我们同倒在路旁，
> 同被人家深深地埋葬？……

的时候，你们不都哭了吗？你回旅馆去的时候，不马上连饭也不吃地写你的感想，说"南国"是"穷的"，是"悲哀"的吗？不错，姑娘，"南国"是穷的是悲哀的，但我们不能不严格地订正你的错误：他是穷而不断地干的，悲哀而热烈地奋斗的，他们将把他们的眼泪深深地葬了，他们将毫不赡顾、踌躇地去建设国民的叙事诗时代。是的，我们的抒情时代要过了！我们的叙事诗时代来了！我们将把全副的力与热统一在一个意志、一个情绪之下开始献身的努力了！我们要严肃地、敏捷地处理各人的事，不要使它耽搁我们的正务了！Aeneas 要回国去建设新罗马，迦泰琪女王 Dido 以缠绵的爱、哀艳的死来留他，但多情的 Dido 啊，你去爱吧，你去死吧！Aeneas 是要回去的啊，这是神的警告，这是国民的意志。

后来你们搬到××坊了。Z 君来告诉我，你这新生的玫瑰是何等地有勇气，能耐劳苦，你每晨乱头粗服地提着篮亲自走到新新里来买菜，其实这算得了什么，我们无产阶级里的女人们每天都这么做的；我那白发盈颠的老母，虽有娘姨，仍然每天替我们去买菜呢。而且还每天吃人家剩下来的所谓翻菜，甚至连翻菜都没有吃的多着呢！女人要有了阶级的自觉，总能保持她的尊严。革命前住在 Munich 的俄国亡命的"女同志"们有一句口号，极值得中国的女孩子们警醒，就是："没有一件衣服是不合新俄国女子穿的。"她们的衣服真是褴褛驳杂啊！但并不损一个有革命勇气的新女人的美，只有穷的女孩子而拼命要学阔小姐们的样子的那才是丑，不但是丑，而且她们非因此一天坠入你所谓"恶魔的手里"不可，这是必然的。一天早晨我坐客堂里写文章的时候，大门"呀"的一响，一个蓬着头发，穿着短衫大裤，赤着脚，拖着一双广东拖鞋，胸前挂着一支自来水笔而手里挽着菜篮的、长身玉立的女孩子走进来了，我起初没有想到是你，直到你说：

——海男呢？我送这些卡片给他。

我接了一看，原来是些香烟里面的画片，都是些女人。啊，女人，你们是多么美丽，又多么危险啊！在我赞美你那种吉卜西式的 Bohemian girl 的姿态之后，没有几天我就看见你的朋友们的眼泪了！他们虽然也很穷，但他们对你的同情是很丰富的；他们哭的不是他们失掉了你，哭的是你将失掉你自己！一朵刚复活的玫瑰重复被虫儿食去了心，这是多么可伤的事！

你刚到我家的时候，认识你的 K 小姐私下告诉我："Kono Kowa Abunai Onnayo！"（"这孩子是危险的女人！"）我说："Shitteruyo，Abunai Koso，iionna dayo."（"我知道，正因为危险，所以是好女人。"）

实在"南国"的女性谁不带几分危险性？我们怕的倒不是危险，而是下流；危险不失为罪恶的花，下流便是罪恶的渣滓。我知道你决不如此，而且女人的危险性十有九都是和自己过不去的，因此我又想起"茶花女"来了：

　　杜法尔　实在呢，听了你这样的话，看了你这样的态度，也就很不容易说，你的话是假的，你的态度也是假装的，不过人家向我说过，你从前可是个危险的人！

　　马格哩脱　是的，先生！是危险的，不过所危险者是对于自己，并不是对于别人。

是的，茶花女不过是对于她自己危险，对她自己过不去，但她是多么"苦恼"啊！

　　马格哩脱　（独自努力地想恢复她的呼吸）唉，（向镜子里看一看）我的脸色多白啊！……唉……（两手捧头支持于炉檐之上）
　　阿芒　（进来）怎么样，姑娘，好点儿没有？
　　马格哩脱　你，阿芒先生啊！多谢，我好点了。……而且我也惯了！……
　　阿芒　她简直是自杀！……

是的，她简直是自杀，尤其是牺牲了阿芒之后——

　　柏吕唐司　她现在更不比从前了，觉也不想睡，整日整夜地各处跳舞场里奔驰，最近有一天在外面吃了夜饭回去，一病就病得三天不起床，到稍好了一点，医生许她起床了，她又不顾死活地出门去胡闹了，照这样子下去，怕她也就不久也罢了。姑娘，我听说你跳舞之外，又会驰马，操车，游泳。

很使我艳羡：但一听到你身体几年间给你自己摧残得很厉害，又何等使我黯然啊！听说你咯血之后随又抽烟，卧病之后随又游泳；你这也简直是自杀！简直是不想活了！但茶花女是做了她境遇的牺牲，她对自己的摧残是含一种深愁绝痛，你却有什么深愁绝痛呢？不，错了，十数年来，受着运命颠簸的你，也自有你的深愁绝痛在吧？但以我所知，大部分的责任，似乎要让你的性格去负担；你怀着空漠的大望投到社会里来，想要求到你的光荣，你的快乐，但你的性格在那里作祟，使你得了些虚浮的、徒然摧残自己、毁灭自己的快乐，却一点没有得到建设你自己的光荣！而那些所谓快乐在你现在的回忆中，又是多么的一种难堪的痛苦啊！

我不忍再拿这些话来使你痛苦了，听说昨天你甚至吃了过度的麻醉药，好容易才救转来，自然这也是激于一时的情感；不过生命是多么难得的啊！你别再戏弄它吧，你得想到把这贵重的生命给你的母亲，你得恢复到依依你母亲膝下的时代，茶花女不说过吗？——

　　——我梦想着乡村，梦想着纯洁，梦想回到我的儿童时代。
　　——什么人都有一个儿童时代，无论他将来变成什么样的一个人。

茶花女这个梦想不幸被境遇的恶魔之手给打破了，才酿成那样一种悲剧。但你的梦想，姑娘，是没有什么梦想，你仍舍不了那虚浮的快乐，仍要度那种不严肃的、泡沫似的人生。

"南国"是穷的，但他的同情极丰富。"南国"是悲哀的，但他的态度极勇敢，工作极愉快，步伍极严肃。他不许谁戏弄人，也不许谁被戏弄！Z君要我看你以后的表现如何，定你的处罚，姑娘！我怎能处罚你？我怎敢用石头打你？谁又敢用石头打你？我只是进你一些忠告吧！也许是说一些废话吧？

心肠过热，遂不觉其言之长，你该要看累了吧？我也耽搁了许多有用的工夫，我只希望，《沙乐美》公演后，我们有机会来演一次《茶花女》，或者即请你来做剧中的女主人公，那么一来，你该知道茶花女是怎么一个有生命内容的女人，而绝不是胡闹的了。溽暑中人，诸希善自珍爱。

田 汉

原载 1929 年 6 月 28 日上海《申报》本埠增刊《南国之周》，此据《田汉散文集》，上海今代书店 1936 年 8 月出版。

谈谈"南国的哲学"

我们在南京公演的时候，志摩先生曾有信与同社谢君，谓只等我们回到上海，要大大地帮帮我们的忙。实在志摩是南国很早的同情者与认识者，从鱼龙会起就帮过我们很大的忙……现在又依他的努力借《上海画报》替南国出一特刊，在理只有感激，但谢君来立索万言，谓印刷所等着要用。我非倚马之才，又在百忙之后，只好借了朋友的万年笔，拉拉杂杂地谈谈"南国的哲学"。

一　狗的运命

在我们第一期公演的时候，有一个颇受人欢迎的剧本《苏州夜话》，其中又有这么一句不十分为大家所注意的话——"好的东西的运命总是破坏的。不断地破坏，不断地创造。"——这才是我们的态度。这几句话虽不十分为人注意，但我近来极好用它。这是什么缘故呢，谈起这个的由来便成了南国的悲哀——不，人生的悲哀了。

我在东京月印精舍住的时候，男男女女共有七个朋友，朝朝在一道，很是相得。结果我们结拜成兄弟姊妹了。有一天晚边我们出去散步，在青山练兵场一个兵士们躲雨的棚子里看见了七条极可爱的小狗，是生下来一些日子给主人家丢弃在那里的。我看见了又是怜悯，又是欢喜，尤其是那几位姊妹们喜欢得像得了好朋友似的，拖起来放在怀里不肯放。后来我们率性一布袋都给拾回来了。我们是七个人，它们是七条小狗，不刚合适吗。并且碰巧一个礼拜又是七天。于是我们定下规则了，每人每周值日喂养这些小狗一次。

但一天晚上那些小狗便使我们的兄弟姊妹之一部分失望了，它们不懂规矩，擅自跑到一位女士的座边，把她一铺顶爱惜的椅垫撒脏了。她气愤起来，提起那小狗的耳朵使气力向庭子里一摔，那刚生不久的狗，汪的一声早跌个半死了。同时弄脏了地板的、席子的自然不少，于是它们受弹劾了。结果选择了一对最好的，一公一母，算是最后"生存的适者"。其余的就用原来的那个布袋，尽晚送到原来的那个地方了。后来这两条小狗的运命，应该是平安的吧，但喂了一个礼拜以上，不独我们女居停主人因为多吃了她的米，不高兴，就是我们昔日的同志们也懒散起来，又有人说：

——日本喂狗抽税颇重，你们喂着它们，究竟安排怎么样呢？难道带回去吗？那笔船钱很可观了。

一些穷学生的偶然的高兴，究竟敌不过冷静和理智的槌击。隔了一天，我从学校里回来，庭子里只剩了那只公的小狗了。

这是我们仅有的一条小狗，我们的仁民爱物的心，几乎都集注在它身上。但是我们对它的热望太大了。那时的我正爱念科南达利辈的侦探小说，便想把它训练成一条有望的侦探狗，在庭子里把东西埋在土下，叫它去扒开。刚生下的它，怎么会动这样的脑筋呢？喂了一个月，他们对于它的热心都冷起来。结果连这最后的一条小狗，在我上学的时候被老七送掉了。直接原因自然是它咬坏了老七的一根值钱的领带。在我回到宿舍看见一条狗也没有了的时候，我心里和庭前老树一样寂寞，和阶下的狗的食钵一样空虚。我漠然地但又明确地观得人类的力量太弱小了。七个人的力量甚至不能养活一条小狗。为着此事，我们的大哥王新命不是写一篇小说叫《狗史》吗。

二　人的运命

随着我们的爱恶被我们或拾起或丢弃的七条小狗的运命固属可悲，而我们自称"万物之灵"、自信"人定可以胜天"的七个人的运命呢？却也不见得受上帝的祝福。我们结拜之时相誓各不相弃，互相扶助的，现在或因转学，或因家庭的关系，或因感情的冲突，或因经济的压迫，一个个终于得离开月印精舍了。如王大哥之上哈尔滨，康姊之归广州，我和漱瑜之归上海。其他诸友还不像那七条小狗一样，一个个同受着运命的颠簸！

比方这上面是多么平常的一张照片，这是我的兄弟寿康在今年我们由广州回沪路过厦门时拍的，但在我们这三个人是多么意义深长的纪念啊！我们是由那一次分手后的第一次的重聚。其间经过了十年岁月，经过了无数运命的拨弄，我们都成了中年人。我自漱瑜下世即在上海教书，王大哥扶若病在厦门新闻界恶劣的空气中苦战，康姊则在广州偕其夫执教鞭。我偶因率南国社话剧股员赴粤演剧，终发现康姊丈夫被杀，康姊亦呻吟狱中，偶因看报纸才在狱中知道我们抵粤。我们费两月之久救出康姊，赴厦门才与王大哥相遇。今者康姊脱鞅，南国事务之余，尤能助我演剧，真乃偶然。差幸我等三人虽然受着运命的不断的拨弄，却能始终保持着"强烈的个性"不为境遇所俯屈。我们十年之后看着各人失去了青春的面颜，告诉老之将至的白发，虽然不免伤心，却毫无所惭愧，因为我们对得住时间。我们都奋斗了，而且奋斗着。

我们知道人力虽然弱小，却有它的伟大的地方。

三　我的运命

我住在月印精舍时代，因为成仿吾也住在那里的，与郭沫若、郁达夫合而有创造社之组织。我的《咖啡店之一夜》与《午饭之前》等剧，便是在月印精舍写的。及回国，住民厚里，与成仿吾不睦，因另创南国社，发行《南国》半月刊，社员就我和漱瑜。我和她真是相依为命。她是准备和我孤单奋斗到底的。在这时期，我写成了《获虎之夜》等剧。但我刚说的好的东西是容易破坏的，天不久就把我最好的东西破坏了。漱瑜死了，半月刊和新闻自然就停顿了。怀着破碎的心从湖南折回到上海来，出了半张《南国特刊》，已十五期又停顿。于是而有南国电影剧社之组织。由：二百五十元起手，几经困难，阅时年余，拍成《到民间去》一剧而至功亏一篑之时又力不能支，不得已就食南京。自南京归后，接办上海艺大，经费奇窘而有上海艺术鱼龙会。虽在经济上失败，而南国在戏剧运动上为识者间接认识自此时起（此时期之副产物为影片《断笛余音》）。继而艺术上之同道渐多，乃另创南国艺术学院，同时成立今日之南国社，使学院为其事业之一部。惨澹经营一年，吾人已有玲珑之小剧场，玻璃之画室。一切粗有眉目，意外之打击忽来，年余之功废于一旦，南国艺术学院又陷于停顿。但学院虽陷于停顿，学院同学仍聚而不散，团体且视前益坚。别种事业虽因经济的压迫而无法发展，独至戏剧运动，则于此时期进展不已。自因旅行之便赴杭公演后，继续公演于上海、南京，皆得相当美果。今春复公演于广州。昨又赴京作第一次公演。于是社会上提起南国社，以为是一个戏剧团体，实在戏剧运动不过南国整个事业之一小部耳。虽然即此一小部分的事业，已经不是容易的。南国社没有钱，社会上没有多大理解，要靠着感情集合许多男女青年作费力不讨好的艺术运动，结果到处碰着阻碍，感着寂寞，且好好的团体随时有破坏之虞。南国社戏剧运动从开始至今，除一二效死不去之徒外，曾经过多少次破坏啊。当你正高兴做着很美满的梦的时候，人家已经预备着离开你了，我们这次请帖上不有这么两句话吗：

——远征南海有沉珠之叹，乍泛莫愁堕落花之泪。

这都是有他的本事的。朵云易散，琉璃易碎。当这个时候，我们从不悲观，因为"要走的人，追也是白追"了。你只能赶快拿出人类的伟大的力量来打别的主意。这个人没有了，赶快物色别的人；这出戏不能演了，赶快写别的戏。南国的戏，其中必含着一种新的悲哀。因此南国社的社员越发达，便可知其旧分子越转动得激烈。这是穷乏的南国社的无可如何的出路，就是它伟大的哲学。

他们把成败利钝都付之运命，只尽人力。尽管被人不断地破坏，他们仍在不断地创造。

要不如是，南国社早没有了，要不如是，南国社也没有将来了。

原载《上海画报》第 492 期，1929 年 7 月 30 日出版。

突破了死线以后

一　突破了死线

记得若干年前（因为脑子还没有复原，也懒得去记忆究竟是几年前了），我在东京读书的时候，胡乱看过日本基督教的社会运动者贺川丰彦氏一部很受女学生们欢迎的小说叫《越过死线》。这小说的情节我一点也记不得了，正和我一点也不知道贺川氏最近在日本担任了什么政治的任务一样。但在我这次因"无妄之灾"突然成了病床上的人的时候，我不由得记起他那部小说的题名来。——啊，《越过死线》！

真的，从那蒙蒙的朝雾和清晨街上的残灯中直驰的黑森车，突然发着呜呜的叫声连翻两个身，到我被抬到 × × 医院的手术台通过，把脑骨上的伤痕反映在铅皮下的感光板上为止，我是昏无所知的。据说 P 君把我从车胎下救来的时候，我的眼睛也发直了，口里出气多入气少，经他连连叫唤后，我才有些醒转来，但即又昏去了。至少有六七个钟点，我是徘徊在死线上的。——"死"这个怕人的字大约就是那么一个味儿，虽说这味儿就像溃烟似的任何记忆的手也难抓住它的。不过在我恢复了意识那一刹那起，我又同时恢复了我仍强烈的生的要求，我只是想："我不怕死，可我不能死，我还有许多事必须做……"然而尽管活着，假使脑子坏了，我也不过是一具"活尸"罢了，有什么用呢？我于是很着急地孜孜地等医生检查的结果。

X光照的两张底片洗出来了。那就像自己活着看见自己的骷髅似的。这科学的光明给了你一种残酷的但是明确的报告。显然地，左额骨和左眼角上有两个黑点，但医生说这怕是旧的伤痕，没有多大的妨碍。这使我终安了心。

母亲来看我了。看了我那肿得如另外一个人的脸，几乎要哭出来。

我问她，我小时候有没有负过伤。母亲含着泪：

——孩子，你和你的兄弟们不同，小时候是全家最宝贝的一个，你妹妹敲过你几个栗爆，我还同她闹过几天，你哪里受过什么伤呢？你自己可记得受过什么伤吗？

我自己似乎也记不得受过什么伤。是的，要不，怕就是所谓"爱情的疮疤"吧。好哪，不管是新伤旧伤，反正没有什么大妨碍，再来一下子吧！更英勇地、更斗争地活下去吧！

在病床上的一个礼拜之中，虽然医生禁止我用脑，我并没有停止看报，和打听外面的消息。因为想起"跳舞，娱乐，不忘救国"，我也应该"害病不忘救国"，所以，甚至还间接地参与了一些"抗×反帝"的工作。这没有别的，中国民族现在也正和

负伤当时的我一样，是徘徊在死线上的。就在我卧床的这几天以
内，×帝国主义的大炮、机关枪和飞机炸弹不知道又死伤了我
们若干抗×的士兵和劳苦民众，不知道又毁灭了我们多少村庄，
占领了我们多少土地。热河既下，他们又开始进攻蒙古和平、津
的军事行动了。替我们寻求外交的"新途径"的，据说将采取胡
适博士的建议，一面"不惜订城下之盟"，一面"长期抵抗"。
实在的，我们中国民族已经到了再危笃没有的时候了。

做主人或是做奴隶。

只争这一重要的刹那！

我们应该奋起最后的最大的勇气，突破这一死线，争取我们
的"活路"！

二　病的阶级性

最初恢复意识的时候，我似乎是住在一间三等病房。首先送
到我的耳朵里的，除了 P 君、T 夫人和我的第五个兄弟的呼唤以
外，就是同病房的工人的野兽似的惨厉的吼叫。那位工人据说是
给机器轧坏了腿骨的，只听得来回诊治的医生一面叫护士给他包
扎，一面残酷地对他说：

——叫什么！叫就不疼了吗？

实在的，目前工人阶级受了痛苦是连叫一声的权利都被剥夺
了的。他只许你咬着牙齿忍受。

但这工人的喷血似的一声声加紧的吼叫，给了我这新伤的神
经以难受的刺激，而且更加唤起了我的脑骨上痛伤的共鸣。那时

据说我的面色是灰白的，死骸似的仰卧在一张窄狭的病床上，身上盖着一条粗粗的黄色的麻布。这印象使得最初来看我的五弟和T夫人们深刻地感觉难过，他们极力主张要换房间。公司也觉得这里太闹了，于急需静养的我的脑子很不相宜，便在照了X光之后，把我的病床当作手车似的，经过几道转折，推到二层楼角上的另一间比较宽敞的病室去了。这房子里有两个床，但当我进来的时候是都空着的。

亏着两个护士的慎重而熟练的活动和朋友们亲切的帮忙，我迅速地由刚来的那病床移到这头等室的病床了。果然，这床比那床好得多了，睡下去是软软的，背上的痛苦，陡然减少了几分。盖的被子又轻又厚，枕头也很好。我的涔涔作痛的后脑觉得安舒得多了。

这是一个外国教会办的医院。他们除了赐予这半殖民地民众以科学的文明的恩惠外，并没有忘记在适当有效的时候，给他们以精神的"鸦片"。在我的床位的对面墙壁上挂着这么一块横幅——"上帝赐福你并且保佑你"。

真的，假使在我还有着浓厚的宗教感情的十年前，我的确会对着这一行崇高慈爱的文字升起非常敬虔而感激的情绪的。

但事实告诉我，上帝的慈惠并非真正那样无差别地赐予人们。那些执行上帝的意旨的医生和看护们，对于病人的态度因着我的房间的迁移而有显著的不同了。医生的诊视是那样地勤，看护的检温和敷药是那样地仔细。啊，病是资产阶级害的，穷人害病真是活该了！

凡事有利必有弊。我的地位是提高了，而我的兄弟和朋友们来看我的病发生了很多的不便。为着使病人安静，对于访问病室的人数加以严格的限制原是很好的，但我的兄弟却以衣服穿得不够漂亮而被拒绝登楼了，好容易等到来了几个衣服漂亮一点的朋友，才沾他们的光一道上来。我听了他的话，深深地感到连看病也有阶级性，咱们穷小子本是不配有住头等病房的亲友的。这医院有内科、外科、花柳科之分，我这双人的房间里隔了一天就来一个内科的病人。为着区别各人的领域起见，护士们在我们中间隔上一块矮矮的屏风。我虽看不见这同房者的面孔，由他同医生、看护们的谈话，我知道他是我们同乡，而且是随十九路军到福建，以水土不合害病回来的。他晚上是咳得那样厉害，使我不能像第一晚那样比较的安眠。我不由得又想了，东西南北地想：想到在这暴风雨前夜的我们的青年的任务；想到我的数十年来的交游，他们有的是死了、幽囚了，有的是英勇地或是苟且怯懦地活着；想到我的家，那见了我几乎要哭出来的、头发快白完了的慈母，那渐渐能够着自己的路的我的兄弟们，那身心都在相当迅速发展的过程中而需要很周密的指导和将护的我的儿女们，还有我爱过或是还爱着的那些女人们——啊，我的脑子又有些作痛了，医生的话是对的，目前我所需要的不是回想，而是竭力地不要去想，是"绝对地忘却"！

在病床上的几天，是由三弟和 Sophia 轮流陪着我的，白天从两点到五点不断地有亲友们两个一班地来访。S 为着她哥哥要落葬回苏州去了。在三弟不在的时候，使我的眼光从那宗教的标语移过来略得安慰的是 W 女士送来的两束草花。一束像美人唇上胭脂似的鲜红，另一束像少女的心似的纯白。她们这一情深的寄予，不觉使我的小布尔乔亚的幻想又复活了。"得了吧，这种幻想只能使我鬓边的华发添多。"我这样想。感谢 K 姊送我的几种书报，救了我的"沉醉"。

在病床生活的最后几天，我睁着余睡未消的眼睛兴奋地贪读《新俄》三月号四月号。上载着苏联 VOKS（对外文化联络协会）关于该国自革命以来到第二个五年计划开始的现在扑灭肺病的报告。日本安田博士评论这个报告说：

> ……扑灭肺病不仅是苏联的问题，也是我们日本人紧急切实的问题。世人常说医学家和医生有什么用，连肺病都治不了。不能把肺病从地球上扑灭，确是医学界的耻辱，但肺病不治的责任，并不能全部由医生去负。
>
> 肺病自《不如归》小说以来，被视为上流阶级的悲剧。但在今日谁也没有把肺病当作布尔乔亚病了。在医疗很费钱一点，虽可视为阔人害的病，但大家都承认，这是被困在恶劣的生活状态与劳动条件的工人和农民们的病。在这一点，肺病又可以说是"普罗病"或"社会病"。
>
> 对于这种社会病，不管医生们怎样投药或是注射，若不根本改造它的环境、住宅和劳动条件，若不使患者的经济的文化的水准提高到可以遂行一切科学的要求，那么医生的努力终于是白费的。在这一点，苏联扑灭肺病的方策无论是理论的，实际的，都可以做各国的模范……
>
> ——苏联扑灭肺病的具体方策是怎样的呢？除了关

于中央及农村医学上的种种进步而周到的设备以外，他们是这样替劳动阶级谋幸福的：

苏联从她建设第一天起，关于住宅建设做了许多事，这在近达到了以前数量的约三倍至四倍，给了一百五十万的工人及其家族以新的健康的住宅。管理公共营养的托拉斯有着足以应大众要求的庞大的组织，为工人设的休息之家，使几百万工人年年更新他们的体力。保健、旅行和竞技，成为青年壮年的生活之一部。泛及广大范围的工人卫生的开发，显示巨大的进步，工厂的完全的改造，都市的改革和建设，是苏联优秀的特色。……

在耽读着这个细密的报告的时候，我的整个思想驰到一个崭新的社会和一亿七千万为人类真正的幸福而斗争的英勇的人群。这几乎使我忘记了自己的苦痛。但从屏风那一面送来的剧烈的咳声，和从楼底下送来的那负伤工人的吼叫声，把我的想象力无情地分散了。我发现我是住在正给帝国主义者宰割着的中国，而且是躺在帝国主义者为着施小惠于他的奴隶们而设的病床上。

——病快些好吧。为着勤劳阶级的解放而奋起吧。现在不是睡在床上的时候了。

三　我们的看护者

"雪白的病床，旁边摆着鲜红的生花，再来往着穿白制服的姣艳的看护小姐殷勤地替你包扎扶持，当你不能安眠的时候，她坐在枕头旁替你低低地诵着圣经或是文艺的作品，使你听了她们幽婉的声音，接了她们的爱抚，忘记你的一切痛苦而悠然入睡。"——这是我在十几年前对于病院生活的罗曼蒂克的想象。我，因为身体好，少麻烦，没有进病院的时候。但朋友们——当时那些同辈的小布尔乔亚知识青年，有过这样病院生活的体验的，都这样对我宣传，我当时所看的一些文艺作品关于病院生活也多有这样美丽的描写，很使我为之神往，甚至想什么时候也来害害病，也去住住这样的病院，享享那样的"艳福"！

但这样的艳遇我是迄今不曾有过。我很顽强，任如何颠沛流离，辛酸劳苦，但我不病。假使有进病院的时候，那只是因为别人的病。漱瑜病了，我因朋友的介绍把她送到××医院，要大洋五元一天的住院费，手术费在外。那时我在某书局做编辑，每天上工前后买些鲜花拿到院里去看她。她的病那时并不是十分沉重的，但两年间老过着劳苦的家庭生活的她，让她在病院里好好地安养几个礼拜也是应该的，而我像同她刚到东京去的时候一样，每天去看看她，也觉得另有情味。但病院的现实把我的幻想打消了许多。"看护小姐"们除了每天照例替她检查温度以外，是对她没有什么别的好处的。到晚上她热度很高的时候，也不用冰囊去冰她，还得我自己到外面去买些生鸡蛋来打碎了，沥出蛋白来放在杯子里，用手帕包紧了，去替她头上、口上地荡。

后来她的病越医越重了，终于离了那病院，和家里人一道登上了回乡的旅途。啊，那一些经过真不忍再去记忆了。

其次算是王素女士住在××疗养院的时候，我去看过的几回。

"……密司王住的病室就在靠园子的第三个窗里。"晚上去，首先使我注目的，就是那吐出柔光的有红罩的灯。……

这种情绪和我对于病院的观察，都写在三幕剧《第五号病室》里面了。在这剧本里，我也曾写到"看护小姐"。

妹　那么，第三号那个傻东西一点病也没有，你们却把两位陪着他呢？

丁　他向院里讨的啊，他有钱啊。

妹　那么，看护岂不成了专看护没有病的，有病的反而没有人去看护吗？

丙　这个道理我不晓得，我只晓得医院里照例是这样的。

实在的，这个老例直到资本主义的整个消灭是不会破的。剥削阶级特别是他们的代表人，为着维持他们的残余生命，是经常拥有许多他们"阶级的"或"自备的"医生和看护妇的。至于穷苦的老百姓，甚至眼下在前敌和 × 帝国主义者拼死斗争的士兵们伤了、病了没有药医，没有人看护，那是极平常的事。谁教你病而没有钱呢？谁教你真去反帝呢？

我的一个礼拜的病院生活中，看护我的却不是我在幻想过的"看护小姐"而是男性的"护士"，固然，那位看护长是一个美国女士，但她那副冷严的脸色，使我们疑心她简直是女典狱长。她唯一留在我耳朵里的是对来看我的亲友们说的一句外国发音的中国话："只要两个林（人）。"

护士以下是一些管房间的西崽。我们房间的那一个比谁都可恶，他是一个典型的洋奴！一位朋友在我的床边多谈了几句话，他出言无礼地催他出来。我忍不住从床上挣扎起来，对他说：

——他就要出去的，你这样凶干吗呢？

那家伙听了，凶得更厉害。

——怎么，你要反抗我吗？我有权利叫他出去。我去报告外国人叫苦力抓他出去！

这样一来，这病院简直成了变形的西牢了。我虽为着身体设想竭力保持平静，但这家伙气得我不能不发火了。朋友要他去"找外国人来率性叫巡捕抓我出去"，大约是因为对方相当强硬的缘故，那家伙也没有说什么了。后来似乎也就没有看见他了。这样一来，把我过去对于病院生活的一些残余的幻想彻底粉碎了！

但谁能担保不生病？谁能病了不需要医疗和看护？我又起了一种新的幻想了。我相信，新兴阶级将有他们自己的完善的病院、自己的亲切周到的看护者。

这样的幻想，在世界的另一半是已经实现着的事实。

但女看护长和西崽虽是给我的印象不很好，而始终来往我们这病房，直接负招扶我们的责任的那位二十来岁的青年护士，却值得我记忆。

首先使我注意的，他是个对于新的事物有着非常深厚的兴趣的年轻人。他因为听得P君说我们是因为赴××摄影的途中负伤的，他一面细问那时的情形，又一面给我包扎，那充满着青春的热力和机智的脸上含着微笑地说：

——怎么不赶快拍下来呢？没有比这个再真实的电影呀。

可不是。我们的摄影师从车翻过身的车底下爬出来，帮着我救了几个人，看见病车来了，他一想还有比这再真实的材料吗，抢着那还没有摔坏的摄影机就要摇起来，但他刚要摇，他的脑子一发昏也晕倒下去，他也负了很重的伤。

P君代替我这样答复了他。P的脸上显然可以看见相当重大的伤以及他迅速处理后的安逸的神情。实在的，没有他，我们这次的苦头是要吃得更大。

我在床上一面听，一面想起古时名工铸钟不成，把他自己身子投到炉里，这样铁汁与人类血肉熔成的巨钟声闻万里，是保国家安宁的故事，和描写这一故事的影片。这影片是在美国制的，演员有中国人，有日本人，有一个姓关的日本职员我是认识的，看的时候是在东京的神乐坂，片的名字我已忘了，但当时确给了我颇深的感动。在今日，这个故事我以为依然有它的感动力，那是说它深刻地告诉了现代的艺术家，应该用他的"肉与血"——用他实际活动的全部去铸就为大众幸福的"钟"（艺术作品）。只有正确的革命理论的整个实践过程，才是他的最高艺术作品。

——对的，只有最日常最真实的人生，才是电影艺术的最好的材料。不过我们这次幸而还没有死，不然就要像×××女士的中弹毙命一样，顶多替公司老板们造电影作品的宣传资料，是很不值得的。我想养息好了之后更真挚严肃地干一下子。

那位护士很赞成我的话。

——我们这里待遇虽不很坏，但我们又忙又穷，不常去看电影，总是根据同事们看过之后的评论再去看的。

因此他对于时下的一些有名的影片发表了一些近于正确的评论，使你疑心他也是一个"影评家"。

——在这个时代是应该多拍这类的片子的。美国霍莱坞式的电影、德国乌发一流的电影，快要给苏联的电影打倒了。你看过《生路》没有？

我们的护士是《生路》（Road to Life）的赞美者。他也谈到去年在百星看的《亚细亚暴风雨》。

——你们特别应该多拍这类反帝的影片。妈的，在洋人底下做事受尽了鸟气。×××一点没有本事赚上千多块钱一月，我们来这里好几年了，还是这么几十块钱。

于是他对于这医院做了许多暴露。我指着墙壁上的宗教标语说：

——他们替我们医病的时候，并没有忘记对我们宣传耶稣基督。

——他们也并非都信教的，不过为的是吃饭。他们有的简直是出卖耶稣的犹大。

我们的护士是东大附中出身。他也很有过许多英雄的幻想和野心，但随着整个小布尔乔亚层的没落，他不能不废学，跑到这医院里来做护士。这据说在目前广大而深刻的失业恐慌中算是顶幸运的，他在现在也还偷暇看看文艺作品和社会科学的书，他从鲁迅、郭沫若看到新兴作家们和胡秋原们的论战。他甚至于对一九二五——一九二七年的中国革命史还有过相当的认识。我由他认识了一个在职业生活中没落的小布尔乔亚层的革命青年。

因为他听得我可以谈一些他所要晓得的问题，当我要出院而左腰、膝盖上的伤还没有全好，他亲切地替我敷上了一些黄色药。头上的绷带也因我要出院而去掉了，亏着他替我的右下颚上于敷了药后十字形地贴了几条橡皮胶布。

他是我们的近于理想的看护者。他也是失了看护的时代的产儿。

原载 1933 年 4 月 4、8、10、12 日上海《晨报》。

此据《田汉散文集》，上海今代书店 1936 年 8 月出版。

与沫若在诗歌上的关系

　　情热，是文学，特别是诗歌的最宝贵的要素。情热的丧失等于文学生命的死灭。在生活落入平凡的阶段，重新回忆到情热旺盛的青春时代，若干有意味的场景重复展现到我们的心眼里来，却是多么使人兴奋的事。

　　我认识沫若是宗白华兄介绍的。白华是我们少年中国学会的会友，欢喜诗歌，也曾介绍过歌德。他自同济大学出来之后，一时曾替《时事新报》编《学灯》，于新诗歌运动的提倡尽了很大的力。他接了当时在日本九州大学学医的沫若兄的诗稿，对于他丰富而奔放的感情、新颖的诗形，感甚大的敬爱。他和他通信之后，因我那时正在东京，就把他介绍给我。我们中间也建立了通信关系，发生了友情，其热烈的程度只有在热恋中的青年心理差可比拟。一封信发去后焦急地等待着他的回信。很快厚厚的回信来了。在案头，在被子里，在江户川的水边，在户山原的林下，兴奋地读了又读，看了又看，赶忙又写回信。为着这而看书，为着这而观剧，为着这而郊游。一切为着写信。写信一时成了我主要的功课。真是日本话所说的"手纸勉强"（为写信用功）。那些通信累积起来，便成了后来的《三叶集》。

　　通信数月之后，我们不满足于文字上的交通了。我们想见见面。在《创造月刊》将要创刊的时候，我毅然由东京到九州去访向他。路经日本西京还见了郑伯奇兄，同他欣赏过雨中的京都美人，又乘夜访厨川白村先生。那时阮淑卿兄和周佛海也在京大读书。我们还作过金阁寺之游。

到博多湾仿佛是冬尽的午后。进入了沫若诗中歌咏过的博多湾的松原，从松间望见湾头的波影，也找到了他们"爱与诗的家"。安娜夫人垂着黑发带着孩子含笑迎我上他们的寓楼。我和沫若才算了却半年来的"两地相思"，握了第一次的手。

我记得仿佛是到九州第二天吧，沫若邀我上太宰府"管原道真祠"看梅花。我们在那香雪海中喝得烂醉，躺在山上看白云。因为发现园中有照相馆，我们乘着醉意又并肩站在一块大石上，眼望着辽远的天边，叫照相师替我们照相，那是取的歌德与雪勒并肩铜像的姿势。因为我们当时意气甚盛，颇以中国的歌德与雪勒自期。

那次我们的会见是非常愉快的。但也有不愉快的一面。沫若因为招待我，致使他家里的安娜夫人病中无人招扶。据说他后来曾把当时的经过写在《创造十年》中间，对我还有很多的微词。我至今不曾读过这篇文章。我当时一定是非常幼稚可笑的吧。但我高兴我有那么一个幼稚的纯真的时代。

回上海以后，我们也继续了相当时间亲密的过从。那时，我因就职中华书局，住在哈同路民厚北里，他们夫妇就住在民厚南里。他的夫人也常常到我们家来。海男生后，安娜夫人亲自给他编过线衫。某次海男患病，沫若曾给他做过主治医。他见海男不认识祖母了，判断不是肺炎便是脑膜炎，一时情势紧张，举家慌乱。幸而都不是。但至今海儿的鼻边还留有沫若用火柴试验他的眼睛会不会动而掉下来火柴头给烧的一个小洞洞，我叫它做"郭沫若氏洞"！

仿吾是沫若的好朋友，他和我都是湖南人。他的性情颇为固执，我的火气也不小。我在东京时，曾以王新命兄的怂恿，在泰东书局出版过一本日记体的《蔷薇之路》，那其实并非真正的日记。仿吾写了信给别人批评我，这给我看见了，他说我那一种写作态度不够严肃，他举托尔斯泰的日记为例，说寿昌那一种态度不改必无前途。仿吾的话其实是完全对的。我后来没有堕入所谓"辑纳者"的魔道，全亏他这一指示。但是因他措辞过于肯定，又没有直接对我说，引发了我的火。我渐渐从创造社疏远，独立经营南国社，与电影戏剧方面关系渐深。后来沫若就任广东中大文学院，林祖烈先生又持邹校长缄来邀我，我把旅费用掉了也没有到广东去，因而也失掉了参加后来轰轰烈烈的北伐军政治工作的机会，这是我至今引为遗憾的事。然而假使当时到广东去了，我的生涯许取着另一途径发展，或者就在那一次的远征中做了牺牲也说不定。

北伐战争的大波激荡到上海来了。高潮还没有十分下去的时候，上海的某大学的校舍被预定为总政治部的驻地。许多人都传说沫若要到上海来。我高兴极了，以为我们可以重又见面了。在这次见面中，我决心丢弃一切，追随沫若参加文化阵营的革命战斗。但这次使我失望了。宁汉分裂后，那大学校舍里所张贴的总政治部的封条都被人家撕去了。大家都知道，沫若没有到上海来，他由潮汕转到日本去了。

在沫若去国十年之中，我在上海也经过了许多磨难。我们的力量没有白费。这些微弱的可是继续不断的呼声终于汇合成为宏大的进军的号音。中国终于和日本帝国主义开火了。这样，我和许多朋友从"爱国罪"的狱里重见自由，沫若也从十年羁旅的千叶海滨抛妻别子重归祖国。在"八一三"后神圣的炮火中，我们又相见了。当他刚回国的时候，曾于轰炸中到南京去访我，不凑巧我适于此时也冒着轰炸到上海来访他。等他回上海后，我由端先引导去到他的寓楼，恰逢他以旅行过疲睡着了。及至醒来，我们很愉快地握了手。这愉快才是真诚的愉快，无比的愉快！

在抗战初起之际，沫若和许多朋友创刊了《救亡日报》，我由南京赶来也参加了这报的工作。为着视察战地，鼓舞前线将士情绪，我、端先和沫若曾在双方炮战的闪光下，敌机的爆炸弹与照明弹的威胁下，两访南桥，一访嘉定、南翔。我们联袂参加了许多使人无限兴奋的会，如鲁迅周年纪念大会，如上海文艺界救亡协会筹备会等等，也参加了近于"吃讲茶"而有历史意义的锦江酒家的恳谈会……直到大场失陷，闸北退出，南市火起，上海成为孤岛，我们才于一次通话后分手。

我由上海、南通、江口抵战火已近的南京，乘陈真如先生的车回到长沙。在这儿，我与当时在广州的《救亡日报》相呼应，创刊了《抗战日报》。武汉成了抗战的司令台之后，沫若应陈辞修先生之邀从广州到武汉。当时情形使爱国者忧郁之端甚多，沫若忽飘然来到长沙，做了我们湖南抗战青年最佳的宾客，也替《抗战日报》写了许多文章和诗。那首歌颂我们空军远征日本的豪壮的诗篇就是在报社写成的。二十七年四月，政治部三厅将在武汉成立，沫若写了一篇《再会哟！长沙》，对长沙水陆洲疏淡的诗人型的风景表示无限的留恋，然而他希望他的足迹将不再逗留在这屈贾旧游之乡，他将依大军回到南京上海去，回到平津去！

武汉的一年表示了救亡运动的最高潮。我和沫若才第一次在政治工作上合作。我以他的一个干部的资格，从艺术运动的组织工作的岗位尽着我对于抗战的最善努力。在工作过程中，我们有过同心合手的愉快，也有过使大家红脸的争执，但是超于这一切，我们相知更深，遂了我十年来追随他做革命斗争的夙愿。

武汉危迫时，退出计划虽出预定，而外间颇有种种悲壮的传说，如谓我们将与武汉共存亡。因此沫若和我接得香港广州方面青年婉劝我们退出的信。这些青年虽出误解，但他们对我们的热切的关心和期待实在更加坚定了我们报国的志愿。我是于沦陷前三日与三厅留汉同志及演剧四、九队乘船出发长沙的。沫若兄直待二十五日贴完最后一张对敌宣传标语才离开武汉。

长沙大火前后的情形我们不必做过多的追忆了。当夜午后四时，我奉令率三厅同志及工作队数队出发后，沫若与洪深兄等又是最后离开长沙。第二天，我们步行到易俗河被敌机冲散后，沫若又自率三厅车辆沿途收容。由下摄司，衡山，直到衡阳三塘。在颠沛流离中，沫若表现得真不愧是一个果毅而亲切的领导者。后来我和洪深兄回长沙救济火灾，隔了一个礼拜沫若兄也来了。我们踏着岳麓山的红叶，望着湘江彼岸的焦城，感喟之余，曾联过几句旧诗，可惜现在都不复记忆了。那时满城都不易找到食物。我和沫若渡过水陆洲直达溁湾市，才在一家老兵开的小食店吃了一碗面。走到麓山下的刘 × 家，托他家仆人买鸡买肉都不可得，幸而得了两个鸡子，摘了几棵白菜，这已经是难得的美味了。

在长沙工作中，许多事不甚顺手。我颇抑郁无聊。张曙弟在桂林被炸殉职后，我又失了一个合作者，非常伤心。沫若从桂林打电来催我回部。我曾复他一电说："曙弟死后，汉意兴索然，待罪长沙，暂不回厅。"当时许多知友之间关系不如以前好，也许是困难阶段中难免的事吧。

后来，我得了陈部长电令，终于回重庆了。十一个月间艰苦动荡的重庆生活使我完全理解了沫若。他是这个时代不可缺少的人物，他是我们坚贞勤奋的导师，他的真价不容许我们轻薄地从一字一句间去衡量。他不过五十岁，他还精力弥满，他还富于不屈不挠的斗志，他还有旺盛的研究心、周到的注意力。我们如像期待中国抗战更大的胜利一样，我们也期待沫若在文学创作上、在革命运动上更伟大的成功。

作为诗歌工作者，沫若不仅在新诗歌运动的初期尽了启蒙的任务，由他最近的几篇创作也可知道，沫若将不再徘徊于旧诗形的半趣味的尝试而将继续翻开新诗歌运动的新页，在全世界光明与黑暗、进步与反动的死活决斗中展开一个狂飙怒涛般的新诗歌时代。假使我的预言不错，毫无疑问地，我仍将拿起我的一切追随沫若，为实现这一时代而奋斗！

十月三十一日

原载桂林《诗创作》第6期，1941年12月15日出版。

第三编　漫说梅兰芳

中国旧戏与梅兰芳的再批判

——梅兰芳赴俄演剧问题的考察之一

……窃以中国戏剧，源远流长，文化艺术，于以寄托。延至末世，声教失修，乐经零落，每为言念，弥深慨然。乃者海禁既通，声气互竞，文化方面，更重切磋，而外洋人士对我戏剧，尤有深切之兴趣。近年梅君兰芳，两赴日本，一渡美洲，靡不实至名归，满载盛誉。盖中外文化，渐有沟通之需要，而文字不同，所可相互了解者，厥惟戏剧一途。彼邦知名之士，探讨精深，立论颖异，所由来也。此次俄国对外文化协会，又电约梅君前往表演，东方文艺之价值，于此益可见其端倪。同人不揣绵薄，窃欲更自提倡，俾图推进，为特创设本社，一以研究剧艺，一以发扬国光，组织剧团，即由梅君率赴国外表演中剧。征诸书史：虞舜干阶，声教远被。取譬晚近，以卡鲁沙之表演，而美意邦谊，日以亲睦。人民外交，此其嚆矢，盖不仅以声艺表襮而已也。……

录八月九日《申报》载"中国戏剧协进会"缄

自本年五月二十八日上海《大晚报》发表《苏俄当局诚意邀请梅兰芳赴苏演剧》的消息以来，在南北论坛颇曾引起甚大的反响，从来对于中国旧戏和梅兰芳已不甚措意的人们也多为爱真理的情感所驱，关于这问题有所论列。截至现在，手头保存的不下十数篇之多。在这许多论文中，有的因所用的方法比较正确，颇接触了真理；但也有许多治丝益棼，绝难使人心服。今者，苏联"十月革命节"又到了，梅兰芳在大舞台的出国前演剧已告结束，正忙于赴苏的准备，《戏》周刊同人认为对于这一问题必须作一及时考察，因以大部分纸面贡献于这一问题。但这问题包含部门过广，同人匆匆执笔，意思只在表示我们"新剧运动者"对于旧剧的基本的态度和引起艺术界同志进一步的讨论而已。

目前我们全部文化运动的鹄的，是通过文化的特殊性唤起全国劳苦群众起来彻底执行五四运动未完成的任务。五四运动原是中国民族资产阶级通过它的知识层而掀起的全面的反帝国主义反残余封建势力的运动，因此他们对于封建的旧戏——主要是皮黄戏——也开始了残酷的斗争。一九一八年十月十五日发行的《新青年》（第五卷第四号）就满载向旧戏挑战的文章。他们用的武器是西欧资产阶级写实主义；他们介绍的作品是易卜生的《娜拉》《国民之敌》等等，特别是《娜拉》一剧，在当时反封建的男女青年中起了绝大的作用，是大家都记得的。后来继续开展的文化运动虽在主要倾向上已达到了第一个阶段（就戏剧运动说，一九三〇年以来的演剧已经超过五四时代的水准，而取着更新的姿态，显示更明确的立场），但对于中国旧剧的批判，客观地

没有比五四时代更进步，许多人还是蹈袭着当时的《新青年》的
观点。

特别是封建残余势力随着战后中国民族主义的崩溃而重复猖
獗的时候，封建的旧戏及其名优重复巩固其支配的地位，甚至取
得一部分向封建势力妥协投降的资产阶级戏剧家的赞美支持。这
样，有所谓"国剧运动"之类。他们主要的是拿欧美资本主义末
期的小布尔乔的唯美主义的戏剧观点来给旧戏形式以理论的根
据，企图"纯化"旧戏技巧。他们比五四时代进步的是注意了旧
戏的形式的特点，而退步的是忽略了或避开了旧戏的封建内容，
抹杀了旧戏的阶级属性而不批判。

因此，对于旧戏的有历史意义的批判仍不能不回溯到《新青
年》的戏剧专号，及其他零星讨论。那时作为批判封建旧戏的战
士的是胡适之、傅斯年。胡写了《文学进化观念与戏剧改良》，
傅写了《戏剧改良各面观》和《再论戏剧改良》。此外有钱玄同
答复张厚载的《脸谱》《打把子》（认为中国戏是野蛮的"方相氏"
的变相），和周作人的《论中国旧剧之应废》（应废的理由：第一
是在世界戏剧发达史上看来，中国戏是"野蛮"的；第二是中国
戏是儒道两派思想的结晶，包含淫、杀、皇帝、鬼神四种毒素，
有害于"世道人心"）。

现在假使容许我们做一个批判的批判，我们可以发现他们的
批判的尖锐的革命性及其极限。

胡适之的批判是从反对关于"昆曲"的张之纯的观点开始
的。张在他著的文学史里面说到昆曲与国运的关系：

是故昆曲之盛衰，实兴亡之所系。道咸以降，此调渐微。中兴之颂未终，海内之人心已去。识者以秦声极盛，为妖孽之先征。其言虽激，未始无因。欲睹升平，当复昆曲。……

这是典型的封建阶级观念论的观点。昆曲和其他一切艺术一样，当然是阶级社会的上部构造的一种。它的曲调虽是来自民间："宋人词而益以里巷歌谣，不叶宫调，故士夫罕有留意者。"（见徐渭著《南词叙录》论南曲）但随着明代南方贵族社会之兴起，"前代富贵家士大夫不甚留意的出自民间的南戏，一变而为他们生活上不可缺的一种艺术"。明顾起元《客座赘语》上说："万历以前，公侯与缙绅及富家，凡有宴会小集，多用散乐……唱大套北曲……中间错以撮垫圈、舞观音、或百丈旗、或跳队子，后乃变而尽用南唱，歌者只用一小拍板，或以扇子代之，间有用鼓板者。今则吴人益以洞箫及月琴，声调屡变，益为凄婉，听者殆欲堕泪矣。大会则用南戏。……今又有昆山，较海盐又为清柔而婉折。""当时君主、诸王的宫廷邸舍里，常有教坊优伶献技……大官僚的府第里，也每豢养着称为'家童''家优'的伶工一部。……自家欣赏之外，兼作官场应酬结纳之用。……清初大官僚的家里还有豢养优伶的，一般士大夫不改前朝嗜好戏曲的风气。"（见《青年界》三卷四期陈子展著《南戏传奇之发展及其社会背景》）洪深氏在他的《论中国戏剧之改良》也提及这个问题，他说："在皮黄未行以前，昆剧的势力，是独一无二。""实在的，昆剧代替北曲是民众戏剧的逐渐贵族化。'场面'的幽静与细致，词句的文雅与深刻……更决定了这种戏剧仅能给文人学士们欣赏。所以昆剧除了唐宋传奇中所有的题材的再现外，其他总是带有极浓厚的忠君爱国、循规守礼、升官发财、成圣成贤等思想。即使男女相悦，淫奔私就，也一定要使男为才子、女为佳人……而无伤大雅。自然，写民间故事，也不是没有的。但是，一定是以轻贱、鄙视、取笑的态度出之。昆剧中的平民，男都丑角，女尽贴旦，穷形尽相，插科打诨。所以，假使说昆戏是纯粹贵族阶级的戏剧，是没有错误的。"（见《申报月刊》第三卷七号）但是这一封建贵族的文化之花也不能"长好"。到了十九世纪四十年代中英鸦片战争以后，即张之纯所谓"道咸以降"，封建的中国给西欧资本主义敲破了大门。在列强积极的经济侵略和诱导之下，重要的商业都市已产生了新兴的市民阶级，农村经济崩溃，破产的农民开始广大的革命运动——太平天国运动，贵族社会的下层基础激烈地动摇起来。这自然不能不影响到它的上层构造之一的昆曲，使它也走向末运。在这一个意义上，实在也可以说："昆曲之盛衰，实（贵族社会）兴亡之所系。"封建贵族战栗于他们的灭亡的运命，主张复兴他们这一意识形态武器，阻止中国的资本主义化，恢复封建的秩序，使中国"重睹升平"。这也是他们应有的"梦想"。但胡适之不理解这个，他说："这种议论的病根全没有历史观念，故把一代的兴亡与昆曲的盛衰看作有因果的关系，故说'欲睹升平，当复昆曲'。"他不知道贵族社会的兴亡与昆曲的盛衰原是有因果关系的。

虽然如此，胡先生对于近百年来发达的"京戏"的评价却有极正确的地方。有历史癖的他，首先就中国戏剧发展的道路作了这么一个概观：

> 试看中国戏剧从古代的"歌舞"（Ballad Dance）一
> 变而为戏优；后来加入种种把戏，再变而为演故事兼滑
> 稽的杂戏；后来由"叙事"体变成"代言"体，由遍数
> 变为折数，由格律极严的大曲变为可以增减字句变换宫
> 调的元曲。于是中国戏剧三变而为结构大致完成的元杂
> 剧。但元杂剧不过是大体完具，其实还有许多缺点……
> 后来的传奇，因为体裁更自由了，故于写生、写物、言
> 情各方面都大有进步。……可以算得是戏剧史的一种进
> 化，即以传奇（昆曲）变而为京调一事而论，据我个人
> 看来，也可算得是一种进步。……

这里胡先生恰好来表示和他的学生傅斯年正相反的观点。傅
斯年在他的《戏剧改良各面观》里说："'京调'的来源，全是俗
声：下等人的歌谣，原来整齐句多，长短句少——这是因为没有
运用长短句的本领——'京调'所取裁，就是这下等人歌唱的款
式。七字句本是中国不分上下今古最通行的，十字句是三字句、
四字句集合而成。三字句、四字句更是下等歌谣的句调。总而言
之，'京调'的调，是不成调，是退化调……"究竟是进化呢，
还是退化呢？我们再听胡先生说的：

> 传奇的大病在于太偏重乐曲一方面；在当日极盛时
> 代固未尝不可供私家歌童乐部的演唱，但这种戏只可供

上流人士的赏玩，不能成通俗的文学。况且剧本折数无限，大多数都是太长了，不能全演……割裂之后……一般社会更觉得无头无尾，不能懂得。传奇杂剧既不能通行，于是各地的"土戏"纷纷兴起：徽有徽调，汉有汉调，粤有粤戏，蜀有高腔，京有京调（按：京调非北京土调），秦有秦腔。统观各地俗剧，约有五种公共的趋向：

（一）材料有取材于元明以来的"杂剧"，而一律改为浅近的文字；

（二）音乐更简单了，从前各种复杂的曲调……只剩得几种简单的调子；

（三）因上两层的关系，曲中字句比较容易懂得了；

（四）每本戏的长短，比"杂剧"更无限制，更自由了；

（五）其中虽多连台的长戏，但短戏的趋向极强，故其中往往有剪裁的短戏，如《三娘教子》《四进士》之类。

依此五种性质看来，我们很可以说，从昆曲变为近百年的"俗戏"，可算得中国戏剧史上一大革命。大概百年来政治上的大乱，生计上（国民经济上）的变化，私家乐部的消灭也与这种"俗剧"的兴起大有密切关系。后来"俗剧"中的"京调"受了几个有势力的人，如前清慈禧后等的提倡，于是成为中国戏界最通行的戏剧。

对于"京调"一类的"俗剧"的兴起，看成在大众中失去生命的所谓"杂剧"的 Antitheses（对立面），看成中国戏剧史上的一大革命，并不像傅斯年那样很不屑地当作"下等人"的"俗声"、戏剧史上的"退化"，这却是胡适之留给我们的辉煌的思想遗产。可是"京调"这一新兴的俗剧，"受了几个有势力的人，如前清慈禧后等的提倡"以后，到现在是否还有丝毫的革命性呢？这答案是否定的。从民间生长的"京调"，挟其接近大众的语言、单纯化的曲调、自由简洁的形式，以及近于写实的技术（如魏长生们创造的旦角化装法，如从草台班出身的名伶的表演）等等，给了封建贵族的昆剧以致命的打击之后，一时颇引起他们的敌视，恰如张之纯辈之慨然于"此调渐微"，也恰如今日中国戏剧协进会的先生们之叹息"声教失修，乐经零落"。但很快地，除极少数人"笃好"者外，都放弃了那一愤慨了。他们发现了普及他们的意识形态的更有广大效果的工具了。"京调"很快地成为罗马皇帝皈依后的基督教，也成为慈禧太后奖励过的义和团，把革命性都"去势"了。最近二十余年来，还有"一种革新的趋向"的俗剧，真如胡适之所说："不但并不曾完全达到目的，反被种种旧戏的恶习惯所束缚，到如今弄成一种既不通俗又无意义的恶劣戏剧。""京戏"及其代表的伶人成了"新剧运动者"要从正面打倒的对象，甚至当日批判"旧戏"的战士到了今日也成了革命群众批判的对象。这里可以看见时代的飞速的发展，也更可以证明，被封建阶级"登诸衽席"的京戏，其盛衰的运命实与残余封建势力之消长息息相关。这里我们以最近二十年来"京戏"的代表的伶工梅兰芳做中心，介绍黄素氏在一九三〇年可宝贵的研究（见黄素著《中国戏剧角色之唯物史观的研究》中《旦的研究》）。

　　陈石遗送梅兰芳的诗："一世名流总附君。"这句诗……把梅兰芳的阶级性一语断定了。石遗老人自是名流之一。其他的，像樊增祥、易实甫、程颂万、陈小石、冒鹤汀、李拔可、况夔笙、况又韩，不是遗老，便是遗少，总可算蔚然大观。直到今年（一九三〇）一月十四日，上海名流欢送梅郎（赴美），富商大贾、党国要人，都已加入名流之列了。最可怪的，便是我们博士胡适，他在民国七年曾作过一篇《文学进化观念与戏剧改良》的文字的。……他站在"活文字"的地位上批评着中国旧戏，但现在他却也在欢送会里跟随着骈四俪六的遗老遗少们捧他们的"初效杏拌之舞，偶翻突厥之盐"的活工具。便是周作人，他却也兴致不浅，"和李石曾、钱新之在北平谈话，很愿意援助兰芳，发起组织一个戏剧学院"……

　　这儿黄素不但暴露了梅兰芳的阶级性，也暴露了胡适、周作人先生们的阶级性。在五四时代主张中国文化百死之中的一条生路是"赶快用打针法打一些新鲜的'少年血性'进去"的人，会在"九·一八"以来国际帝国主义者进行瓜分中国的新的危机中公然说李顿报告书是"天下的公理"，并且宣言中国要收复失地当在五十年后。在五四时代主张"人不能做小孩过一世，民族也不能老做野蛮反以自丑骄人，否则便是病的现象，退化衰亡的预兆"的人到了东北沦丧、华北危如累卵的今日，可以躲在苦雨斋"谈狐说鬼"。这个反常的心理其实已经表现在黄素氏所指出的他们对于中国旧戏及梅兰芳的态度的变化上了。

当然，在一个时代，梅兰芳不单是受到遗老遗少们的拥护，也受到广大革命民众和知识青年的拥护，那是因为他演过一些带反封建意义的所谓"过渡戏"。当时攻击京戏最烈的傅斯年在他的论文里说："现在北京有一种'过渡戏'出现……社会上欢迎这种戏的程度，竟比旧戏深得多；奎德社里一般没价值的人，却仗这个来赚钱，我有一天在三庆园听梅兰芳的《一缕麻》几乎挤坏了，出来见大栅栏一带，人山人海，交通断绝了，便高兴得了不得。觉得社会上欢迎'过渡戏'，确是戏剧改良的动机；在现在新戏没有发展的时候，这样'过渡戏'，也算慰情聊胜无了。既然社会上欢迎'过渡戏'比旧戏更狠，就可凭这一线生机，去改良戏剧了。"这可知道，梅兰芳及其所演的戏，一个时候还是社会的"生机"之所系，革命青年们希望由他的"生新戏"运动，从封建的旧戏"过渡"到真正反封建的新戏。

但不幸这一线"生机"在封建势力的包围下被迅速折断了。傅斯年也说："梅兰芳唱了几出新做的旧式戏，还有人不以为然。"又加他被灌输了关于艺术上一些错误的"半通"的见解。如他把《一缕麻》那一类深得民众同情的戏不演，而谓京戏应该是"象征的"，不适于那种写实的题材。因此梅兰芳便给中国的封建势力掌握得牢牢的，做了他们绝好的工具。黄先生说：

　　民国二三年间，梅老板为什么大红特红起来？因为这时候却正是袁世凯解散国民党的时代（二年十一月），中国的革命气焰，全部地被扑灭了，潜伏在招牌民国底里的封建势力，却正在死灰复燃地昂起头来。这时候，修复了洪杨战事的勋臣祀典了，接着便闹出许多把戏，像什么祀天、祀关岳之类。到了民国四年，袁世凯便做起皇帝来了。这时候，遗老遗少们自都是兴高采烈的。学术上谈着"国粹"，戏场里捧着梅郎，刘师培做出些百读不解的词曲来，罗、易（还有齐如山）们便也替梅兰芳编出些富丽典雅的古装戏剧来了。

　　这些戏的取材，像吴宫的西施、楚宫的虞姬、汉宫的上元夫人、魏宫的洛神、唐宫的太真、月宫的嫦娥、天宫的麻姑、大观园（变态的清宫）的林黛玉、袭人、晴雯，大都是帝王家的美人。梅兰芳所扮的必是美人。美人的出产地必在深宫。用皇家的华饰烘托着美人的名贵。为着梅郎可也是为着皇家！

　这里深刻地指出了梅兰芳至今所演的那一联的所谓古装戏的客观任务。他在舞台扮演的是深宫的美人，在阶级的斗争场里所扮演的是播散封建意识的活工具。

　　梅派的古装、古舞，在洪宪大典筹备中被遗老遗少们发扬着……现在，再引些梅派的古装剧辞，如什么"水殿吹来秋风紧，月照宫门第几层，十二栏杆都凭尽，

独步虚廊夜沉沉"。如什么"将身出了蓬莱地，弱水
三千顷刻离，回头俯瞰尘寰世，九州城郭甚依微，朱雀
青鸾如宿契，松脂桂实任余携"。如什么"乘清风扬仙
袂飞凫体迅，掩玑琚展六幅湘水罗裙；我这里翔神泳把
仙芝采定，我这里戏清流来把浪分。我这里拾翠羽且簪
云髻，我这里采明珠且缀衣襟"。即便不待"制礼作乐"
吧，这都是当时的"文学侍从之选"的翰墨辞藻，这便
也和前朝的那些"乐章"不相上下了。……

这是何等鲜明的证据！

昔者昆曲经明初士大夫从民间登诸大雅之堂，竭力使他辞
句雅驯，适于文人学士的趣味、华堂绮筵的背景。前后七子倡
导"文必秦汉，诗必盛唐"，那种伪古典的偏见，也影响到了
戏曲。邵文明、郑若庸、梁辰鱼、梅鼎祚一派骈曲俪白的传奇
先后出来了。这样更使昆曲的内容离开了大众，决定它迅速没
落的运命。想不到从前被文人学士讥为鄙俚不文的京调，经慈
禧后、袁世凯们一提倡，遗老遗少们一润色，也居然成了这样
典丽雅驯、近于前朝乐章的东西，渐不为大众——即傅斯年先
生所谓"下等人"们所理解。连梅兰芳自己也说，要观众理解，
只好"借重说明书"，不知道像那样的剧词除文人学士外，一般
"下等"观众就有说明书也看不懂。京戏在今日真是成了这样
"既不通俗又无意义的恶劣戏剧"了。这其实是民间艺术"贵族
化"后必然的结果。梅兰芳及其亚流的京戏目前是走着昆曲一
样的路。梅兰芳答复周伯勋关于京戏"昆化"的质问时，他说：

"我只觉得昆曲的剧辞很雅致，故近来常想把京戏中俗的词句改雅一点儿，所以新编的戏也希望它不俗。"把京戏中过于鄙俚不堪的辞句改得通顺一些原没有什么不好。但梅兰芳的"新戏"的雅致化，是同它的封建的内容分不开的。此次他在大舞台演剧及一月，尽管后来每天演"双出好戏"，仍不能十分叫座，大反于剧场经营者的预期。这固然有社会经济不景气等等的原因，而在帝国主义经济、军事的压迫紧紧相加，民族危机日益严重之际，其所演各剧的封建的内容与反大众的表现形式，决定了他的艺术已不适于现代的生存，是无可怀疑的事实。但我们知道梅兰芳之走向昆曲化的道路，受齐如山辈的影响实多。齐如山客观地是代表封建阶级向梅兰芳起作用的戏剧家。据九月五日《时报·戏刊》的记载，他替梅兰芳写的戏前后达三十出之多，最著名者如《霸王别姬》《西施》《廉锦枫》《洛神》《太真外传》《千金一笑》《天女散花》《木兰从军》之类，皆出其手。而此公便是一个昆曲的绝大赞美者。今年四月十一日《大公报》北平通信云："吾国努力研究戏曲已历三十余年之齐如山氏，此次举个人研究所得及所搜集的戏曲音乐文物开展览会，颇得中外人士赞美。西人往观者极多，并要求齐氏召伶工演剧供嗜好中剧者赏鉴。齐氏认为足以代表中剧优点之戏剧仍惟昆曲。昆曲之词句身段，均经历朝推演而臻于美好地步；所配音乐较皮黄优雅，且歌且舞，舞态之婉妙尤为皮黄所不及，实吾国之雅乐。外人既抱研究态度，自以介绍昆曲为宜。故已约定昆弋名伶排定歌舞并重之戏数出，如《滑油山》《快活林》《别母》《夜奔》《出塞》《嫁妹》《琴挑》等，定四月十四日在协和礼堂开演。"同四月二十一日北平通信，又谓南曲《琵琶记》现由北平大德教授洪涛生译成德文，并由德侨多人彩排，定二十四日在同一协和礼堂作第一次公演，衣冠不改，文辞则悉易德风。演员为：

蔡　邕　　清华教授史坦宁氏

赵五娘　　德使馆秘书海伦媚小姐

牛　氏　　王荫泰女公子王素嫩小姐

蔡　父　　北平施密特洋行经理哈格曼氏

蔡　母　　高吉克夫氏

这一些"华洋贵族"彩排《琵琶记》的结果，有的说是很能融贯中西，有的说是"凌乱中西"。但我们相信，这个提倡"贤""孝"的封建道德的戏，不单是曾经明太祖朱元璋赞美过，认为："五经四书在民间如五谷不可缺；此记如珍馐美味富贵家其可无耶？"今给正在提倡良妻贤母主义以解决失业问题、准备新战争的希特勒先生看见了，一定也会大为叹赏，命令德国女子"家弦户诵"，说不定昆曲有衰于国内而盛于海外之一日？

当然，"昆曲"作为贵族社会的"文化遗产"来研究是无妨的，而且必要的。若作中国戏剧的最高标准而发思古之幽情，或是把京戏化成新的昆曲，那只是张之纯的观点的延长，五四时代已经批判过了。我们今日所要问的是，今日的京戏是否有与昆曲同样的前途？是否与昆曲同样的没落？关于这，梅兰芳先生的答案是乐观的。他说："京戏已经演来有这么多年代，当然也有它的好处。一种艺术只要已得到很多人的接受，且时间如是之久，说它一下便会完全没落，那是不会的。不过，希望今后京戏能够改良，一使场面紧凑，组织整齐。……"他的意思是只要及时地把"场面""组织"等技术问题加以改革，京戏是可以自救的。我记得欧阳予倩先生也曾做过这样的观察：

皮黄戏本是民间艺术；自从入了宫廷，一切都求配特殊阶级的味口，已经就变成畸形的了。辛亥以后，皮簧盛于上海。上海是前清遗老和买办阶级最占势力的地方，戏剧也就随着倾向他们。于是外表力求华丽，内容越见空虚，风气所趋，江河日下！

旧剧到今日本是古董。……可是目下各舞台所演的戏，却不是古董了。他们完全用的是旧剧的表演法，加上彩画的布景，和西洋戏法，及随意造出奇异的服装；不管调和不调和，东拼西凑，成功演出一种支离破碎、莫名其妙的东西。……

这样看来，旧剧哪里还有？只有一部分北平的伶工的确还在保持着旧剧的面目，和这种风气相抵抗。这正和从前四喜班挽回昆腔一样的道理。没有理想的新建设，徒然靠几个戏迷保持偏安之局，结果如何，实在难于乐观。……旧剧不能表现新时代精神，不能传达现代人的情感，所以在现代民众当中日就沦落，实在是无从

讳言。旧剧既到了这步田地，革新运动，何能暂缓？何
能暂缓！

见一九二九年《戏剧》第四号

予倩先生是以新剧运动者而在旧剧里钻过的，他的估计必
然是很正确。事实上，现在上海乃至全国，和电影运动的发展相
反，旧剧势力已一天天缩小，所谓"海派"剧场如周伯勋先生所
报告，除了以比较严正的态度、民族革命的精神出演的《红羊豪
侠传》之外，其余的多以"三只手""三只脚"和"野人大王"
来作号召，其所谓京剧已经很远。同时在"京朝派"的阵营，梅
兰芳停演后，马连良与所谓"京朝派花衫"王幼卿合作，挣扎着
京戏的末运，呈着一种孤城落日之观。至今还没有人真能改革京
戏，使它多少适于"表现新时代的精神""传达现代人的情感"。

但是京戏究竟有没有改革的可能，假使可能又怎样改革呢？

这里我们可以先听听同一对于旧戏有颇深刻的认识的新剧运
动者洪深先生的意见。他在前引《中国戏剧之改良》里说：

皮黄戏虽则和昆剧同样是封建的戏剧，但是皮黄
戏的民间的大众的特质比较保留得多些。虽则皮黄也有
很多地方竭力想追踪昆剧，譬如大锣大鼓的运用，完全
说明它是适合于民间乡里的搬演；即以内容而论，也有
很多贫富冲突的悲剧，绝不是昆剧所能有。打武戏的着
重，也是注意民众兴趣的特征。

这一点我们和予倩先生都完全同意洪先生的意见。这种 acrobatic element（武技的要素）是中国旧剧的特点，在将来的大众戏剧中也是必须高度发展的要素。

这是洪先生优秀的皮簧戏观。关于改革旧歌剧的意见，他写：

一、贵族的文人的昆剧，既然已是死了的艺术，那么它的存在，也应和其他国故一样，只可供少数学者的研究与鉴赏，查出它的在当时它的时代中所发生的社会作用，以及它所给予后来戏剧的影响。

二、封建的但是大众的歌剧（如京戏），因为它的久已建立了的形式与技巧为甚多的观者接受的缘故，不妨仍予利用，唯须彻底更改内容，肃清它所含有的毒素——即是我们应以革命的观点来改造历史的事实，重以组成有利于当代生活的故事。……

见《申报月刊》第三卷第七号

由上面的一些考察，我们可以得出这样极初步的结论：

（一）对于现在还是"最通行的"戏剧的"京戏"，在文化人，特别"新剧运动者"，从来有一种观念论的"成见"，不能历史地去考察它。最初用"汉学家"的精神去考察中国戏剧的是王国维，但他的考察对象只是限于宋元戏剧，关于支配现代剧坛达百数十年的京剧毫无接触。齐如山氏关于中国戏剧——特别是京戏的研讨不可谓不勤，发表的业绩不可谓不多，并且颇能使用布尔乔的科学方法，但因他流连封建情味，把精力集中在个别演员的"翊赞"，妨害了他的发展。最强的证据，是他对于现行京戏的全部改良工作客观上不是帮助了它向更高阶段的发展，而是促进了它的灭亡。他把京戏化成了没落前的昆曲。比较真能以布尔乔精神批判京戏的还是要推五四时代的胡适之先生。他的伟大的功绩，是估定京调对昆曲的胜利为土俗的"下等人"艺术对文雅的贵族艺术的胜利；认为中国戏剧由"雅剧"的昆曲走向"俗剧"的京调是戏剧史上的进化，是大革命，是戏剧上的"太平军"，而不是"退化"。他也暗示了凡是从大众中产生，采取大众化的形式的艺术必能获得胜利；及至受了封建贵族的卵翼，其内容与形式渐以离开大众，必遭大众的唾弃。但胡先生的缺点是在把戏剧艺术的发展公式看成"由歌剧到话剧"，因此傅斯年们就认为凡能彻底废唱、废身段、废一切旧戏的排场的就叫作"新戏"，未能完全废除的叫"过渡戏"，而忽视了戏的新旧实为内容所决定，忽视了歌剧自身可由现在的阶段向更高的阶段的发展。谁都知道，革命十七年后的苏联，不但话剧有绝大的发展，歌剧的发展也是惊人的。因此，站在现阶段的"新剧运动者"，运用更新的更战斗的方法，对于中国旧有歌剧做进一步的批判，是绝对必要的。

（二）在社会变革之际，"名伶"和政治家一样，不做被压迫的代言人必为旧支配者维持统治的工具。梅兰芳是在封建的传统极深长的梨园世家生长的，他也曾饱受封建的压迫，他的艺术一时曾受反封建的群众的拥护（如傅斯年所记）是可能的，但在遗老遗少的包围下，他终于成了"散"播封建意识的"天女"。因此他一方在所谓"名流"和"高等华人"以及落后的小市民层中间获得甚大的声誉，而在革命的知识层，他的名字已成为笑骂攻击的对象。记得前几年梅兰芳赴美的时候，《文学周报》特出了一期"专号"，满载着以新文学运动者的立场痛骂他的文字。……但人是在不断地发展中的，梅兰芳已过了四十三年，诚如君实先生所说："人生的残渣到这时期快要淘洗净了。"以他数十年的舞台经验和研究的积累，如能勇毅地摆脱一些无谓的羁勒，冷静地考察中国旧有歌剧的改革，要说他完全没有贡献是说不过去的。况且他的几次外游不能无所刺激，他的赴苏或者正是他的转机吧。照餐霞教授的看法："所谓梅、程、荀、尚四大名旦，梅、程进步极速，已多少认识一个职业戏剧者在文化运动上所负的使命。"又加他们都出过洋，程砚秋且先梅兰芳到过苏联。假使我们希望此次梅兰芳此去的赴苏联不要像程砚秋那样的"水手旅行"，只听见他们崇拜中国"象征剧"，"以木凳代马，以棒代鞭，以木棒击凳代跑马"，而多少学些人性一点的、自然一点的东西回来，像胡适之说的替中国旧歌剧"打一针新鲜的血"——这应该不是我们过高的期待吧？

原载 1934 年 10 月 21 日上海《中华日报》。

苏联为什么邀梅兰芳去演戏

——梅兰芳赴俄演剧问题的考察之二

由第一节的研究，我们知道了中国旧戏所经过的阶段，和梅兰芳在中国革命的现阶段所演的角色。那么苏联为什么邀梅兰芳去表演呢？

为的是中国戏是"象征派"的艺术，而苏联艺术界写实派已经没落，现在正盛行着象征主义吗？

明显地，不是。但"不是"二字又鲜明地不足以解决问题。因为关于这问题，就在中国文艺批评界也还留存许多鲁莽轻率的意见，使人莫衷一是。

首先是有人说中国旧戏是象征主义的：

> 平心而论，中国的旧戏也只能称为象征主义，因为那是太神秘的东西了。不过这种象征主义是暧昧的象征主义，是神秘的象征主义，是要经过多年苦才能完全理解的贵族的象征主义。而且这种象征主义是带着极浓厚的宗法社会气味，那是只能存在于原始的野蛮社会上的一种艺术，无论如何也不能适合于现代社会上的……
>
> 见六月十五日《大晚报》韩世桁的《梅兰芳赴俄演剧问题》

但是我们的批评家匆忙得很，他和许多人一样并没有弄清楚什么是"象征主义"，它具有什么特质，又是哪一个历史阶段的产物。因而随即有人说中国旧剧完全不是象征主义的：

> 象征主义是以感官的具体记号来表现一种神秘的、感情的倾向和作风，但中国旧剧，其取材大半是历史上的传说，其立论文大都是"劝善罚恶"的老套，这里面既毫不含有神秘的感情，也就用不着以感官的具体的记号来象征什么。我们从旧剧中能看到一出表现得不明不白使人难解的剧吗？……这种单纯的表现方法是低级的，与西方资本主义制度下所产生的象征主义有非常大的距离，即如那一般人认为最为含有象征主义味的脸谱，和那以马鞭代马的玩意儿，那也只能说是借以帮助观众对于剧情的理解，而不能认为即是象征主义。所谓象征主义不是指形式，主要的是指内容。
>
> 见《申报·读书问答》论《梅兰芳与中国旧剧的前途》三

这个是很正确的。但是他因否定了中国旧戏是象征主义，同时否定了中国旧剧采用的一些"象征手法"。比如：白表"奸诈"、红表"忠勇"、黑表"威猛"、蓝表"妖异"、金表"神灵"（文天祥的脸是金的）之类，实与西洋的白表"纯洁清净"、黑表"悲哀"、红表"热烈"、黄金色表"光荣"和"努力"，同为"色的象征"（Farbesymbolik）。还有"音的象征"（Tonsymbolik）、"形的象征"（Formsymbolik），也经有意识或无意识地使用着。就内容方面说，像"路遥知马力"（指路遥和马力人格化以喻"事久见人心"一类的讽喻），中国旧剧里用得很多，特别是以跳加官开头，演过悲欢离合的正剧后，以男女俩拜堂完结的结构，完全象征了封建农民对于"人之一生"的观点。胡适之说："这便是中国人的'团圆迷信'的绝妙代表。……他闭着眼睛不肯看天下的悲剧惨剧……只图说一个纸上的大快人心。"——这一些都是象征的手法，不过多是比较单纯的、低级的，即没有产生象征主义的作品。像文艺复兴以后那种隐喻人生高远理想的所谓"高级象征"（Das hohe symbolische），更和十九世纪末期那一种纤细的、幽玄的、神秘的象征主义有本质的不同。但象征主义的作品是非常注重形式的，并非"不指形式而专指内容"。尉川博士说："内容和形式互相合一，不能分离之点，象征诗和音乐有契合之处……不是由言语所示的意味和思想成为诗，是言语的音响已成为诗，象征诗被称为官能的艺术就在这一点。"象征主义者对于艺术上的贡献也主要地在这一点。同时我们的批评家关于内容与形式有着非常动摇不定的见解，他说：

> 当然，我不是有意把内容和形式分开，而是实际上中国戏剧的发展是形式胜于内容的。同时，新的艺术品的产生，其初期又往往是内容胜于形式……

对于中国戏剧以及"一切文化"的发展如此看法，只能说是唯物辩证法对于艺术发展史的运用一到中国就遇了例外。其实丝毫没有例外，只是我们的批评家抓住中国旧剧在它的没落期印象"固定化"起来，才会得出这样错误的结论。由第一节的考察，我们知道，当京调还在不登大雅之堂的"土戏"时代，它也是内容胜于形式的，无论词句、结构，以及其他的技术条件，曾赶不上它的"先辈艺术"——杂剧、昆曲等的完备。能赖以征服"先辈"的是它的明白易懂的内容，如《三国》《水浒》《施公》《彭公》，全是中国广大农民和小市民最熟悉的读物。旧剧多以其中故事以及市井乡村的新闻作题材的，他们由这来学习历史，批评社会人生，发挥男女爱欲。……其后经有力者的提倡，名伶的改革，特别如谭鑫培们之能融化其他野生艺术的长处，使京戏的内容与形式有相当的饱和。但如欧阳予倩先生所说："旧剧虽然在特殊阶级卵翼之下成长，但是只当是一种低级的消遣品，没有得到充分文艺的培养，所以发育不全。发育不全，所以老衰也快；因为到了老衰期，所以一般民众不能满足。"到了现在，随着社会经济性质的变革，旧剧里所饱含着的封建的内容已渐次失去在广大觉悟民众中的吸引力了，留下的形式的残骸除了一部分"京脚儿"还在"抱残守缺"而外，大都不是投降文明戏、电影，就是投魔术大卖野人头，实际上连形式也随着内容空虚而解体了。因此我们不能看着它"那能吸引大众的形式上的成就"就断定："中国戏剧的发展是形式胜于内容。"

这样我们知道中国旧剧虽则颇能采用象征的手法，但与真正的象征主义无关了。事实上，我们没有理由说旧歌剧是"象征的"，话剧是"写实的"。因为歌剧与话剧之中，随着作者处理题材的态度不同，也都容许有"写实的"或"象征的""梦幻的"

的场面。这只要稍有一点近代艺术教养的都能承认的。现在问题是在苏联是否盛行象征主义呢？

有人说也许有之：

> 至于象征主义的艺术最近在苏联欣欣向荣，取写实主义的艺术的地位而代之的话，虽未必可信，但亦未始没有可能。这无非是说明苏联的艺术最近又进了一步罢了。因为已故的苏联教育委员长卢那卡尔斯基不是主张无产者艺术的形式至少非象征（Symbolic）的东西不可；而且，肯定着："为艺术之一形式的象征主义，严密地说起来，是绝非和写实主义相对的。要之，是为了开发写实主义的长远的步骤，是较之写实主义更加深刻的理解，也是更加勇敢而顺序的现实。"——这罗札诺夫（Rosanov）所说的吗？
>
> 见《中华日报·动向》冷云《作为补充》

有人说那完全是谣言：

> 至于苏联，诚如李君所云，正流行着社会主义的现实主义。苏联的作家不正在以明快的笔，描写社会主义建设的各面吗？苏联剧坛，已经属于大众自己，他们不需要象征主义，他们不会把文化推回到资本主义文化的旧路上去。象征主义是病态心理的表现，而苏联大众正当健全的时候，正在兴奋地努力建设，怎会走上象征主

义的道路呢？

同见《申报·读书问答》

当然，苏联文艺是不会再走上象征主义的道路的。说象征主义艺术最近在苏联欣欣向荣，取写实主义的艺术而代之的话，当然是谣言。就是引卢那卡尔斯基的话，证明无产者艺术的形式应该是象征的，也没有用。卢那卡尔斯基在他逝世以前分明有过这样的演说：

> 我们看到和社会主义的现实主义这一巨大任务在一起，和这形式在一起的，还要有革命的浪漫主义。但这东西和布尔乔浪漫主义完全不同的。凭借我们现实的巨大的力学性，革命的浪漫主义活动在这样的领域内在那里幻想，样式化，关于处理现实的一切自由都能起巨大作用。

> 社会主义的现实主义是一个广大的程序，其间包括我们已经获得的许许多多的方法，且包括一些还在发展中的方法。但是十足的活的东西呼吸着发展，致力于斗争。这是十足的建设者，对于人类的将来有确信，对于新兴阶级的力量有信仰，对于进展着的社会主义建设的戏剧的第一幕和最基本的斗争有全部的理解。
>
> 见《世界革命文学》所载卢氏论苏联演剧问题

　　由卢氏的说明可知：（一）苏联文艺的主潮是社会主义的现实主义；（二）社会主义的写实主义与革命的浪漫主义并不对立；（三）社会主义的现实主义包括我们已经获得的许许多多的方法，当然包括象征的手法，作家们用这一切的方法，通过文艺特殊性以尽力于伟大的社会主义建设，但并非说苏联的文艺有采取逃避现实的象征主义的可能。

　　当然，这些都是已经解决的问题。就是文化落后的中国，关于苏联的社会主义的现实主义也有过好一些介绍了。韩世桁先生也说可以借"此次梅氏赴俄，听一听那在艺术上唱起社会的现实主义的国家对于中国旧戏的批评"。但是一般地说，关于这问题的介绍是非常不够的，而且是不深入的。我们在听到苏联艺术家对于中国旧戏的批评以前，不妨对于苏联目前真正盛行的文艺思潮做一点较深刻的考察。为着这目的，我们以为必须先接触两个问题：第一，俄国文学是否曾盛行过象征主义？第二，就是在革命后十七年的今日，苏联艺坛是否还有象征主义的残余？

　　关于第一个问题，我们的回答是，革命前的俄国艺术界是确曾盛行过象征主义的。

　　从一八六九年到一八七二年，在沙皇暴压下的俄国社会运动重复采取攻势，革命的知识分子都如醉如狂地嚷着"到民间去"，学生、工人多潜入农村做着革命的启蒙运动。一八七四年到一八七五年之间，全俄罗斯无一县没有社会主义的结社，在这个时候，俄国艺坛没有象征主义发生的余地，作为这时代的艺术主潮的是布尔乔亚写实主义，而思想上是爱他主义和宗教的倾向。

　　到了十九世纪八十年代，柴可夫斯基领导的社会运动转到
恐怖主义的政治运动。一八八一年，虽然连亚历山大二世也给杀
了，但死了一两个专制君主未足以变更社会制度。到了一八八四
年，当日的斗士大都惨遭逮捕屠杀，而反动政治依然支配着，于
是，一部分知识青年怀疑革命的前途，一种绝望的忧郁的感情
拎住了他们的心胸，他们异口同声地叹着："优秀的人们都死光
了"，"我们只好活活地抱着疲倦的头脑和悲痛的心走向坟墓"。
这样，在文艺思想上由托尔斯泰的爱他主义走向茗思奇（今译明
斯基）一流的极端的个人主义，艺术手法上由布尔乔亚写实主义
走向它的没落期的象征主义——即由构成的明亮的世界走向朦胧
晦涩的世界。一八九三年，俄国象征主义的始祖美列詹可甫斯基
（今译梅列日科夫斯基）著《现代文学凋落之原因与新思潮》，分
这种新思潮的三种本相：（一）是内容的变化——即由现世界逃向
另一世界的倾向；（二）象征主义；（三）艺术的感受性之扩大等。
俄国最大的象征主义诗人巴利蒙（今译巴尔蒙特），一八八四年
曾因"与反动分子有关"的嫌疑，由中学退学，大学在学习中
研究法国革命史感奋兴起，二十岁时也曾参加学生运动。但是
到二十二岁，他被哀愁的蛇缠绕着，曾从三楼跳下来企图自杀。
《死哟，让我长眠吧！》他的第一个诗集就收着这一首哀切的诗。
罗卡采福斯奇论巴利蒙说：

　　　　巴利蒙在他的诗里筑起冰的殿堂，歌着冷的雪人。
　　假使俄国七十年代的青年是热烈的理想主义者，宣传着
　　牺牲的精神，那么颓废派诗人是……憎恶狂热，排斥

神、故乡、爱情等一切感情。当时法国英勇的革命家列空·德·里耳（今译勒贡特·德·列尔），成为走入清净寂灭的境地，斥去精神的动摇，抑压感情，歌颂旧时代的诗人。我国当时的摩登诗人也曾守着冷冷淡淡主义驰思"遥远的古代"。

见他的《最近俄国文学研究》

实在地，二十世纪初期的文学"完全卷入象征主义的虚无缥缈之乡"。诗坛如此，剧坛亦复如是。俄国将入新世纪的最大的戏曲家便是象征主义者安德列夫（今译安德烈耶夫，上海辛酉剧社演过他的《狗的跳舞》）。安德列夫的作品，起先在艺术手法上受着柴霍甫（今译契诃夫）们布尔乔亚写实主义的影响，而在思想上和高尔基一样充满着对于被压迫大众的同情。但一九〇七年发表的他的代表作《人之一生》，却是具体地表现着他对于俄国革命的绝望。这从开幕到闭幕站在舞台一隅，手拿着将明欲灭的蜡烛的"灰色的人"，就象征着永久支配着人类的运命。无论人类是怎样憧憬、追求、苦闷、挣扎，总逃不出这一运命的铁圈，我们只能服服帖帖地照着运命所指示的，做若干悲欢离合的梦以后，走向永远的黑暗虚无——这便是安德列夫的象征主义艺术的世界，也就是革命退潮后，新的高潮尚未到来之前的俄国文学的必然的一相。蒋光慈论安德列夫说：

……安德列夫的文心比西欧象征主义更加孤寂。易卜生和梅德林克的人物还有凌驾尘俗的个性；安德列夫的只是抑遏不舒的气息。……

见他的《俄罗斯文学》

俄国革命民众这种遏抑不舒的气息到一九一七年十月革命才舒吐了。巴利蒙的冰冷寂灭的世界、安德列夫的黑暗恐怖的世界也截止了。

自然，无产阶级的运动的大业绝不是一朝一夕完成的。就在革命后的今日，健康的社会主义的写实主义的文艺倡导以来，苏联艺坛布尔乔亚颓废的象征主义并没有完全肃清。

> 表现在文学上的布尔乔亚自由主义问题是最近苏联文学最重要而且困难的问题。为着理解"社会主义的现实主义"，也有研究这问题的必要。……代表布尔乔亚自由主义的一团是"白列瓦尔派"（即"山隘派"，苏联二三十年代的文学团体）。……（中路）白列瓦尔派又高揭着"美的文化"的标语。这是这一派批评家葛尔薄夫所谓《嘉拉造亚的探求》。他们主张艺术家和创造其他现实的形态一样，应创造正当的自己独有的"美的现实"的世界。这一在本质上是"象征主义的象牙之塔的复兴"的概念论的概念，很清楚地表现在巴甫伦科（今译巴甫连柯）的小说《木皮》之中……

见《文化集团》冈泽秀虎的论文

这可见没落的布尔乔亚的象征主义的残余还和其他国民意

识中一切资本主义的残余一样，还待苏联的革命民众无情地肃清出去。

但是无可否认的，象征主义的倾向在今日苏联剧坛已成为残余的残余。如前所说，以今年为第十七周纪念的伟大的十月革命就是对于俄国戏剧界也引起了划时期的转变。革命使旧的社会秩序颠倒过来了。从前的被压迫者成为新的支配者。演戏和其他艺术一样，被置在教育委员会的指导下，剧场成为国营，用列宁的话，从前"供奉着饱食终日的女太太，和郁闷的、苦于脂肪过多的上流绅士"的戏剧，现在是"供奉着国家的活力及其将来的千百万勤劳民众"。剧场的入场券几乎以完全名目的价格分配在工会和兵营……而这些有些"欠文雅"的新的观众对于没落阶级的灰色的人生观和象征主义之类是没有缘的。他们要求和他们的生活及其斗争有关的新内容。这样促成了今日苏联戏剧的伟大的发展。

一九三〇年美国 J.Freeman 们著《十月之声》(*Voice of October*)，泛论苏联文艺的各部门的发展，其于苏联戏曲做过这样的观察：

苏维埃戏曲的发展是由革命的过程所决定的。一九一七——一九二一年时代是动乱、市民战争、饥馑及帝国主义封锁的时代，写实主义戏剧在这个时代是不可能的，因为各种事件发生得如此迅速，除了缺乏戏剧形式的一时的断片事件以外，想把它仔细地绘在舞台上是很难的。写实主义戏剧恐怕要在社会生活多少安定的时候才可能吧？因此市民战争时代，使支持革命的、革命前期的知识阶级作家把创作活动限于史剧——浪漫的、英雄型的史剧。另一面从工农剧作家发展一种称为Agitaks（煽动剧）的特殊风格。……他们将市民找争时期的断片事件"戏曲化"以鼓动武装的工人农民的革命情绪。几千的"煽动剧"在战线、兵营、工人俱乐部及农村上演（至今也仍在演着，不过比那时代更进步了）。

　　苏维埃戏曲能够写实主义地描写现代生活是在市民的战争过去，苏联开始转换到经济的再建设的一九二一年以后的事。一般地说，苏联剧的主题极能敏感地反映出政治事件。现代苏联剧作家 Volkenstein（沃尔肯施泰因）说："……剧作家应停止做哲学的梦想家、幻想的历史家、浪漫故事的讲述者——虽则这些故事是与时代调和的了。剧作家应开始去做社会建设的直接参加者，他应探求在生活中有直接加重大关系的现实的主题。"……

这个观察是正确的。现在的"社会主义的现实主义"，正是把十月革命前后发展的革命的浪漫主义与新的写实主义的倾向，应着伟大的社会主义建设的需要，使它更系统化、明确化，同时更紧密地结合艺术与实践，使戏剧家成为社会主义建设的直接参加者。社会主义的现实主义，概约地说，它并非"无根之草"故意翻的新花样，而是已经在发展着的健康的文学作风。它和十九世纪的布尔乔亚写实主义不同，后者仅仅在消极地摘发社会的罪恶和缺点，而前者却取着更积极的肯定的态度。在他们的眼睛里，苏联目前的缺点是在伟大的社会主义建设的途上可以克服的缺点，因此他们不是悲观的而是乐观的。他们虽承认革命的浪漫主义，但和布尔乔亚的浪漫却是对立的。他们不逃避现实，也不驰于惝恍迷离的空想，他们是以强烈的革命情热，描画着更科学的、可以实现的、阶级的梦想。读者也许记得吧，当第一次五年计划发表的时候，各国资产阶级的政治家、学者不是一致地冷嘲热骂，说那是"鲍尔雪维克的梦"吗？但无产阶级的梦想是可以实现的。当然，在创造这一新的艺术上，如契尔波丁（Kirpotin）所说苏联作家不是没有遇着困难。首先是所处理的人物之不同。就戏剧来说吧，在资本主义国家的舞台上活跃着的主要的是君主、贵族、资产阶级、个人主义的知识分子；而在苏联的舞台上登场的却都是些崭新的人物，即挣脱了剥削的锁链的工人、农民以及革命的知识分子。他们不是一种道德主义者，也不是单纯的破坏者，而是社会主义社会的建设者、创造者。对于这一些没有历史先例的性格之艺术的表现，是要求苏联戏剧家有更大的努力和更高的才能。但这一登场人物的变化也就使苏联戏剧成为没落期资产阶级戏剧无法企及的崭新的戏剧！同时也成了各国求解放的民众所热烈钦慕和学习的新的戏剧了！

以上，我们较深入地知道了苏联之邀梅兰芳去演戏既不因为中国戏是"象征派"，更不因为苏联写实派艺术已经没落而流行着象征主义。这是很明显的了。

那么究竟为什么邀梅兰芳去演戏呢？这我们以为应从这些方面去理解的。

（一）为着继承东方封建艺术的遗产。

以梅兰芳为代表的中国戏之充满着封建意识，苏联民众应该是比我们更清楚的。但他们更知道，要实现无产阶级的国际文化的展开，必先对于在封建的乃至资本主义制度下发展的一切民族艺术加以极周密客观的研究，因而运用这一些丰富的民族的形式，使它来传达社会主义的内容，——这一种"民族文化"的充分发展，便是达到无产阶级的国际文化发展的前提。因此，俄国的革命者甚至在残酷的革命斗争中，也十分致力于旧有文化的保存。革命后对于俄国民族的以及各少数民族的文化遗产的批判的继承和更自由的发展，真可以说是"不遗余力"。一九二四年七月一日苏联共产党中央政治局采用的文学决议，首先就指示"党期待无产阶级作家成为苏维埃文学之未来的指导者，那必须和对于过去文化遗产之一切轻率和侮蔑的评价做斗争"。又如在瓦斯朵夫教授（A.Gvosdov）领导下的列宁格勒国立艺术史研究所，其五部门中之第一部即为专门研究中国、日本、印度及其他东方诸国演剧的机关。莫斯科"克鲁普斯卡娅之家"（House krupskaya）——即以列宁夫人之名特设的农民剧团养成所，就养成着俄国及其他一切民族的戏剧人才，其研究对象泛及吉卜西戏剧，鞑靼戏剧，朝鲜戏剧，蒙古、西藏等民族的戏剧。在苏联戏剧运动家中对于中国、日本等东方戏剧特别感兴味者，最有名的是梅耶荷德。他独创的演剧艺术的构筑中就包含着许多东方演剧的成分。我国戏剧家欧阳子倩先生访苏联时，梅耶荷德适在西欧作演剧旅行。欧阳先生在莫京（即莫斯科）看过此种"梅派"戏后，在他回国写法国观罗斯丹的《西哈娜》的印象时这样说：

> 这个戏实在美……不过这种戏的演出和表演，都跟演莫里哀、拉辛等的戏一样，用的是传统的旧方式，有许多地方和我们旧戏的演法相同，譬如西哈娜的表妹在酒店里和西哈娜一面念着那有韵的对话，一面蹲下去行着礼一退两退下场，这正和拉一个长腔望后两退一转身下场是同一个做法。就是演莫里哀的戏，那种引人笑的动作、旁白和出场的配置，看上去都像中国旧戏。整个地看起来，当然完全是另一种东西，然而，拿东西洋各种旧式戏剧综合起来一看，便可以发现无数共通之点，而这些共通之点大抵都是应用在观众面前，可以收到种种效果的。这好比是公式，死守着公式自然是很坏，若能把公式变化而活用之，公式也并不是坏东西。所以，梅野荷（即梅耶荷德）能够采取日本歌舞伎的演法，也能应用中国旧戏的方式而自成一格（虽则有的适宜有的也不甚适宜）。

> 见《东方杂志》三十一卷二十号欧阳氏著《巴黎剧场》

为着继承此种东方戏剧的遗产，苏联在四年前曾邀请过日本名优左团次等所领导的歌舞伎剧团赴苏联演剧。日本歌舞伎像中国戏一样也充满着封建思想，而且也和梅兰芳一样以男子装旦的。因此歌舞伎也曾经新剧运动者们斗争的对象。但"无产阶级的祖国"苏联会欢迎歌舞伎！这在当时也曾引起日本革命的知识分子中的议论，一如中国的今日。就是到了去年，他们在一个座谈会中还讨论到这个问题：

　　水野　　现在苏联大大地上演古典的东西，那社会意义是怎样的呢？

　　野崎　　目的是在文化遗产的继承和技术的获得……

　　田乡　　听说他们很欢喜日本的歌舞伎，把它采用到苏联的戏剧中了。却是怎样采用的呢？除了改转台、造"花道"以外还有什么呢？

　　园池　　比方在演技上学歌舞伎的"后见"之类……

　　千田　　……一般地说，欧洲十七八世纪的戏剧和歌舞很相似的。在德国各地演过的英国的喜剧团的戏无论在残酷猥亵之点说，或在纯粹是形式之点说，都很和歌舞伎相似。日本是不是因为种种特殊的情形还残留着的呢？

　　秋田　　歌舞伎这样的封建戏剧在日本还保存着。与其说是保存着，不如说因为是岛国，以及政治的关系，还不可思议地残留着。因此也有人因着一种兴味来赏鉴的。但苏联学者们都说是文化遗产。我们否定歌舞伎时，学者们都起来反对。

　　园池　　苏联是那样恭维歌舞伎的。那么我们日本人觉得该从歌舞伎继承些什么呢？

秋田　　不还是文化的遗产吗？我们一方应该大

大地采取作为文化遗产的歌舞伎的长处，也应该采取我

们所没有的欧美戏剧的长处。至少我们反对歌舞伎是因

对于歌舞伎的制度习惯等抱反感，因而对于孕育歌舞伎

的社会制度抱反感，对于歌舞伎的演技却为不抱什么反

感的。

见《新俄罗斯》二卷四号

秋田雨雀先生的意见大体是对的。我们不能因为反对歌舞伎
所附丽的封建制度而完全否定在这一制度下长时期发展的艺术的
某些部分。这个看法是可以用在同在封建制度下发展的中国戏剧
的。同时可知苏联是以怎样的目的欢迎日本的歌舞伎和左团次，
也就是以怎样的目的欢迎中国旧戏和梅兰芳。

（二）为着与东方民族演剧以社会主义的影响。

中国戏剧协进会的宣言中有谓"征诸书史：虞舞干阶，声教
远被。取譬晚近，以卡鲁沙之表演，而美意邦谊，日以亲睦"。
前者是说梅兰芳之赴苏联有"宣传中国文化""发扬国光"的意
义，后者说这有"国民外交"的意义。这一些话梅兰芳的 Patron
（保护人、赞助人）们当然应该这样说吧。而在我们却以为当事
者们应该去掉那一些封建的自负，而切实以这一次做一个好机会，
去从苏联的进步的戏剧学习，给中国旧剧以一个决定性的改革。

八月二十七日，苏联文艺理论家契尔波丁在第一次全苏作家
大会关于戏剧的报告里面这样说：

革命的实践使无产阶级不仅对于旧的作剧学取着细密注意的态度，同时也创造了自己的 Dramaturgie（作剧学），这一作剧学虽还有许多弱点，而在世界戏剧学发达史上却达到了一个新的社会历史的阶段。

苏联作剧学的成功不仅是量的，同时是质的。苏联作剧学的新鲜是在主题（Thematika）。此种主题主要的是社会的、集团劳动的主题，为社会主义的集团斗争的主题。苏联作剧学的思想水准很高。其世界观是社会主义的世界观，其理想是社会主义的理想，其效果是社会主义的效果。……

我们的作剧学具有乐观的性质。假使世界一切的作剧学是建立在人类服从运命的思想上的，那么苏联剧作家们是把他们所描写的斗争建立在无产阶级革命，把人类作为运命的主人之前提下的。

苏联的作剧学其内容是国际的，其成功是全苏全民族作剧学的成功。

由他这报告的大要，我们可以知道十七年来苏联在作剧学上显著的成长，更不用说由其对于俄国传统演剧与东西民族演剧的热心的批判的学习得来的舞台艺术上的成果。因此，聪明的戏剧研究者对于苏联的剧艺都有着绝大的钦慕。实在与欧美资本主义国家日益堕落颓废的剧坛相比，苏联剧坛真成了世界戏剧的"大雅之堂"。苏联剧作家契尔尚（Kirshon）在他的关于西欧戏剧的报告里描画了他从欧洲剧坛所得的印象。他在欧洲看过好几十出戏。那些戏的内容他以为可以包括一句话：是"the stink of rotten, putrid degeneracy"。普通的色情的刺激已经不能使资产阶级观众过瘾了，剧作家不能不替他们预备更尖锐的食料。他在巴黎一座很正派的戏院里看过一出这样的戏。场面是旅馆之一室，一个旅客告诉他的朋友，旅馆侍女把梅毒传给他了，他不能不报复。于是他叫了一个刚做侍者的少女来强奸她，把梅毒传染给她。还有一个卖淫妇带着一个没有经验的男人进房来告诉他怎样做那个勾当的。契尔尚说这一切都是用机智和戏剧的熟练来表现的。可知这样的戏剧的"生产者"与"消费者"两方都腐败堕落到什么程度。读者若参考欧阳予倩先生最近在《东方杂志》上写的《巴黎剧场》，可知这绝不是夸张的。他还看见过好几次在台上表演撒尿拉屎而大受欢迎的。当年日本芥川龙之介写黄玉麟在台上吐痰认为野蛮可笑，那真是少见多怪了。契尔尚于分析 Hauptmann（霍普特曼），Pirandello（皮兰德娄），Louis Celin（路易斯·塞利纳）们作品中所表现的绝望、悲观、丧失信仰、丧失展望和怕死等特质之处说得好：

> 这些人们以为世界是到了末日了。他们当他们的阶级的破落是世界的破落，当资本主义的危机是人道的危机。但他们是错了。……我们的文学，我们的戏剧已经是新的时代欢喜和阳光的，充满着愉快与创造的劳动的日子的产物！

无疑，在今日，文学戏剧的"大雅之堂"，不在堕落的欧美，而在新兴的苏联。我们中国的民族的演剧必须接受苏联的新的健康的影响殆无异议。程砚秋于一九三二年到欧洲时曾经过苏联，在给戏剧音乐研究所同人写信时，他这样说：

二十五日，打从莫斯科经过，承莫柳忱先生招待，又参观几处大戏院，都很壮丽美观。回想我国剧场，矮屋一座，光线微弱，灰尘满地者，真是惭愧得很！遇见一位苏俄有名的表演家，他正在研究写意的戏剧，殷殷来问，言语之间，见得他很崇拜我国的戏剧。……我问他用何物代马？答曰："木凳。"问他用何物代鞭？答曰："木棒。"问他马跑时如何办？答曰："以棒击凳。"我彼时心中默想那种神态，几乎忍俊不禁了！当即告以中国戏剧写意的方法，他觉得很有意味。……在谈话中，我也向他调查些材料。他们坚留我多住些日子，要我讲演。我只好答应回来的时候再说。这一场谈话，旁的姑不说，只说把我们一匹活马换了他们一匹死马，似乎就亏了本。……在莫斯科街上，看见来来往往的男女，差不多没有一个不是一副很沉着、很严重、似有隐忧的神气。较之现时在巴黎所见，路上行人，每个是那样欢喜活泼，真是各在一个极端了。我想戏剧与人生的关系密切，不用说，苏俄一定是风行悲剧的了。

短短的记载中可以看出一个封建的中国剧人对于苏联戏剧"水手式"的理解。因此程砚秋从欧洲回来以后比他出国前"一点不多，一点不少"。为着使中国人的精神物力经济一点起，希望梅老板们在"发扬国光"之余对于苏联及其戏剧文化做一个较深入的研究。看出巴黎人"欢喜活泼"的假象中的"腐败堕落"和苏俄人民"沉着""严重"中的"愉快""欢喜"和"创造的力"！看出苏俄的戏剧界不"一定风行悲剧"，而且也不复"盛行象征主义"！

倘更能看改革中国旧剧所必取的途径而奋然为之，那就是望外了。这责任恐怕不是梅老板们负起的，而有待于广大群众的共同努力！

原载1934年10月28日，11月4日、11日、18日、25日上海《中华日报》。

梅兰芳、周信芳演出剧本选集序

　　梅兰芳、周信芳两先生的艺术成就在中国戏剧界是值得夸耀的。这不只由于他们继承了中国戏曲表演艺术的优秀传统，博采众长，大胆而恰当地加以改革、发展；也不止于五十年来勤勤恳恳为观众服务，中华人民共和国成立以后更在毛主席文艺方针领导下积极地为工农兵服务；尤其在于他们具有中国艺人关心政治的美德，并曾以最大决心拒绝为卖国贼为异族侵略者歌唱。正因他们在民族危难的日子表现了作为人民艺术家的气节与高尚品质，才受到人民的尊重与敬爱，参加了戏剧事业的领导工作。

　　在中国悠久的演剧史上像他们这样在舞台上工作达半个世纪以上，其精湛的演技获得世界称誉，而仍能按照正确道路精进不懈的戏曲艺术家是很少见的。梅、周两先生被人称叹的演技是和他们优秀的剧本分不开的。这些剧本因他们的演技更发挥了人民性、民主性。梅先生的《生死恨》，周先生的《文天祥》《徽钦二帝》等曾激起观众强烈的民族民主感情。梅先生在 1949 年后演出的节目以《宇宙锋》《贵妃醉酒》为最多，由于他不断以新的体会来改进表演技术，使这些剧本中的思想感情获得恰当的表现，造成越来越动人的美丽的境界；周先生的《打严嵩》《清风亭》《四进士》《追韩信》的演出等对人物的塑造也显得越来越深刻逼真：他们把剧本演活了。

借梅、周两先生舞台生活五十年纪念的机会，把他们生平"拿手"的，也就是最能发挥他们独创性的剧本加以整理出版，是对他们最好的纪念，也是对全国戏剧界最好的贡献。

我们不以为梅、周两先生的贡献已经到了顶点。比起苏联和东欧国家一些百多岁的名艺人来，他们还正当有为的壮年，因此梅先生说他的嗓子还在发展是完全可能的。不只是嗓子，他们的政治认识、艺术修养也还在不断地提高。在剧本方面，他们将不以把旧有节目演得更精到为满足，还将贡献更符合人民需要的新节目。周先生最近演过《秦香莲》《赵五娘》，梅先生也计划演出《龙女牧羊》。因而梅、周两先生的选集，只是他们如何在原有基础上展开今后新的艺术创造的初步总结。

我们对梅、周两先生进一步的努力和成就致以无限热切的期待。

田　汉

一九五四年十月十五日

原载《梅兰芳演出剧本选集》，中国戏剧出版社1959 年 11 月初版；《周信芳演出剧本选集》，中国戏剧出版社1960 年 1 月初版。

追悼梅兰芳同志

一

兰芳同志离开我们又是六七天了！

但我总觉得他还在我们的眼前似的，不相信他已经死去。有着这样感觉的恐怕不只少数人吧。这在旬日之前还是那样愉快地以那样旺盛的艺术雄心跟我漫谈的人，他会突然死去？这几乎是令人难以置信的。

的确，梅先生——这是我们叫惯了的——就在病床上也按捺不住他的雄心壮志的。他对艺术创造和戏曲理论建设有其进一步的抱负，许多人知道他在《穆桂英挂帅》之后还有《龙女牧羊》和《女娲补天》的创作计划，前者剧本也写出来了，他曾作过唱腔等设计，由于在各地演出忙，才暂时停顿了。梅先生的秘书许姬传先生告诉我，梅先生对建设戏剧艺术的中国学派有许多想法，可惜他正要加以发挥就去世了。这是可以相信的。早在一九五五年三月，梅先生在他的《回忆斯坦尼斯拉夫斯基和聂米洛维奇－丹钦科》一文中就曾经说："我要继续学习斯坦尼斯拉夫斯基先生的经典著作，把他的体系适当地运用到中国戏曲里，使我们传统的表演艺术得到新的营养，同时把我们的戏曲遗产也用科学方法整理出完整的体系来为社会主义文化建设事业服务。"可以想见梅先生在整理出中国自己的体系上若能多所发挥，贡献将多么大。

梅先生这几年，把自己的艺术更多地为全国人民特别是为广大工农兵服务的心非常热切。他在各地演出中对工农兵方面的要求总是尽量满足，不辞劳苦。赴朝慰问中他冒着风雨为志愿军演出是有名的，我跟他一道慰问福建前线解放军战士时，除正式演出《宇宙锋》外，他还冒着敌人炮火的危险在战壕中清唱。晚间他还亲自对金门发过好几发炮弹。我赠过他两首绝句：

> 写到佯狂赵女魂，万人如水不闻喧。
> 名山每看添新彩，海国秋深访厦门。

> 亲发加农意兴豪，硝烟浓处卷惊涛。
> 先生歌后经三日，犹有余音绕战壕。

梅先生率领剧团几乎走遍了南北各地，他总以未能给西北、西南边疆军民演出为憾事。梅剧团原有到新疆的计划，梅先生对此次远行十分踊跃，忽然因病中止，真不是他始料所及的。因此他笑着对探视他的朋友们说，这是大夫给他放假。他在病床上每天刮胡子，对着镜子只愁他瘦了不好演戏。总理去看他，他也提到去新疆的事，总理劝他安心静养，他十分感谢党的关怀，但他显然还不太相信病情竟是那样严重。我们八月七号上午十时去看他，他还好好的，十七个小时以后，这位伟大艺术家就抱着他的未竟之志与世长辞了。

二

梅先生是梨园世家，从他祖父梅巧玲、父亲梅竹芬到他女儿葆玥、儿子葆玖，算是四代当京剧演员。以前封建时代演员生活一般很清苦，梅先生又从小丧父，他主要是靠伯父梅雨田培养大的。他伯父是一位有名的琴师，给当时名伶谭鑫培、王瑶卿等伴奏多年。梅先生八岁学艺，十一岁登台，也因此多得名师前辈指点教诲，技术基础打得十分深厚。

他开始学戏正当清末光绪庚子以后，学的都是《三娘教子》《二进宫》《祭江》等青衣正工戏，只注重唱，不重身段表情。辛亥革命后时代变了，群众的艺术要求也变了，不满足于专重唱工的青衣戏了，他才兼学《虹霓关》《樊江关》《穆柯寨》一类的偏重身段、表情和武工的戏。这就是所谓冶青衣、花旦、刀马旦为一炉，因为路子宽了，就更受群众欢迎了。

一九〇七年留日学生在东京组织春柳社，演出《黑奴吁天录》等，影响所及，国内产生了以改革社会为目的的新剧运动。王钟声们的话剧团也到了古老的北京，尽管他们的技艺还是粗糙的，但也具有对旧社会的强大冲击力，对青年期的梅先生也有了影响。后来他到上海又看了春柳社回国后的演出，更使他"感到了演员对社会的责任"。因此他排演了《孽海波澜》《一缕麻》《邓霞姑》《童女斩蛇》等一系列的时装京戏，表现了反对妇女受压迫、婚姻不自由和破除迷信的主题，起过一些好作用。因此应该说，梅先生是用京剧形式表现现代题材的先锋之一。

梅先生在受话剧影响同时，对古老的传统戏曲艺术——昆曲也发生了很高的兴趣。他学会了《思凡》《闹学》《游园惊梦》《水斗》《断桥》《佳期》《拷红》等几十出昆腔戏。这不仅丰富了他演出的节目，也大大提高了他的表演艺术。在这个基础上他又创造了剑舞、袖舞、翠羽舞、花镰舞、绸带舞等，使许多剧目增加了新的色彩；对于旦角的服装、发式等也根据古代绘画、雕刻、塑像等做了许多创造性的改进。在音乐上他除京胡外又引进南方的二胡，使它刚柔相济，更有利于旦角唱腔的发展。在《洛神》等戏中他还恰当地使用了布景。从梅先生起，不只是旦角艺术写出了新的一页，整个中国戏曲艺术也有所提高。人们说梅先生是中国戏曲传统最忠实的继承者，又是它的最勇敢的革新者，是一点也不过分的。我们说他是忠实的继承者，是因为梅先生的确继承了中国京剧悠久的优良传统。正如欧阳予倩同志所说的："他已经吸取了过去许多名旦角演技的精华而集其大成。"我们说他是勇敢的革新者，是因为他在京剧艺术上的革新不是一帆风顺的，他遭过许多保守派的反对，说他"破坏了京剧旧规矩"之类，但他用坚决的态度和成功的尝试终于把反对者说服了。

梅先生之所以能在传统的基础上进行大胆的创造，首先由于他把艺术技巧锻炼得又扎实又纯熟。梅先生自己常说他不是太聪明，他的一些成就"不是依靠什么窍门得来的，而只是'劳动的积累'"。但他不只是通过辛勤的劳动掌握京剧的表演程式，而又能把这种程式和生活相结合。他曾说："京剧的表演程式虽是从生活中提炼出来的，但也还要演员从实际生活当中去细心体会，才能在舞台上灵活运用，否则程式就变成呆板的形式了。"因此他认为演员们应懂得"运用程式，而不要让程式来拘束自己"，只有认识这一点，才能发展和更加丰富旧有的程式。次则由于梅先生在长期学习锻炼中培养了自己的鉴别能力，善于辨别精、粗、美、恶。用他的话说："只要我们肯多看前辈好的表演，多听内外行一些良师益友的经验之谈和正确的意见，再加上自己的琢磨钻研，久而久之，我们的眼睛亮了，耳朵也灵了，心里也明白了。到了那时候我们就能够分清哪是精华，哪是糟粕，那么在表演方面就一定可以进入角色，自然就会有许多创造。"

　　第三，更由于梅先生一贯的民主的、爱国主义的正义感情，特别是在解放后与劳动人民相结合和为工农兵劳动人民服务的饱满的阶级热情，使他的艺术获得新的生命力。

　　从一九一四年排演《孽海波澜》《邓霞姑》《一缕麻》等反封建时装京戏起，到"九·一八"事变后排演反抗侵略、宣传抗战的京剧《抗金兵》《生死恨》，以及从福建前线回京后排演的《穆桂英挂帅》，应该说梅先生的整个艺术生活是贯串一根红线的。梅先生不只是演了许多好戏，在他的社会实践上也是界限十分明确，是非毫不含糊的。在一九三五年日寇大举向中国进攻，国民党反动派大举"围剿"中央苏区的时候，苏联对外文协和日本大仓组几乎同时邀约梅先生出国作访问演出，并日本答应给梅先生以苏联同样的待遇。但梅先生断然拒绝了日本的邀请而去苏联，因为不愿也不忍通过被敌寇蹂躏的东三省（那时是伪满洲国），梅先生和他的剧团由上海乘"北方号"轮船直航海参崴。

日寇占领上海后，他八年之间蓄须罢舞，闭门谢客，因为不堪敌人干扰，还曾一度避居香港，典质度日。

日本帝国主义投降后，他虽回到舞台上来了，但他充分认识了美蒋面目，热心靠拢党，响应党的号召，对于当时的民主进步运动，总是踊跃参加。

1949年梅先生由上海赴京，参加第一次文代大会，参加人民政治协商会议，参加人民代表大会，参加国内文化建设、国际和平活动和国际文化交流活动等等，梅先生的政治进步更是一日千里。

梅先生从朝鲜前线、东北各地到西北各省、东南海防前线，为工农兵劳动群众做了广泛的演出。由于抗战期间停演了八年，他感到自己的嗓音、扮相和肌肉运动都有很多困难，但由于接触了新的观众——工、农、兵劳动人民，受着他们的热情鼓舞，使他的艺术创造有了无比信心，增加了新的生命力，甚至在体力上他也感到更加充实，恢复到以前应付裕如的境地了。抗战中梅先生嗓音中落了，但1949年后在群众的激励下他下了一番工夫，在行腔、用气、吐字方面有了新的体会，甚至还加高了一个音。对于刻画剧中人物性格，体会也更深刻，感情也更丰富。梅先生曾提到过他怎样在工农兵观众的提醒下改进《醉酒》《别姬》和《桂枝写状》的经过。他认为这也是在工农兵帮助下改造自己思想的过程。他说得好："我们既然被称为'人类灵魂的工程师'，首先就要把自己的灵魂塑造得更美好，更纯洁。"而这正是进行艺术创造的首要条件。

三

梅先生的艺术不只是获得本国人民的喜爱和尊敬（梅先生曾因石家庄农民在他登台时全体解下头上的白毛巾而惊奇，后来知道那是对他致敬，他曾感动得流泪），也曾使接近过他的艺术的各国人民感到无限的激动和感谢，不管是日本人民、美国人民、苏联人民。梅先生在一九一八年首次访问日本，以及一九二九年访美演出两次经过日本时都曾访问东京，得到了许多热情的朋友，但那时中国军阀混战不休，民族危机严重，梅先生靠他个人努力得来的光荣是有限的。直到一九五六年夏，梅先生和欧阳予倩同志率领中国京剧团访日演出，这才充分发挥了中国京剧艺术的感染力量，经过改革的京剧所表现的高度集体主义精神，和统一、完整、生动、和谐的艺术形象获得日本观众一致的赞美。梅先生的《醉酒》名剧更给予日本观众以高度的艺术陶醉。

梅先生在美国的访问演出是成功的。但影响巨大而深远的还是在莫斯科和列宁格勒（今彼得格勒）。我曾听得马雅可夫斯基剧院总导演谈过，一九三五年他曾和爱森斯坦（名电影导演）一道去看过梅先生的《打渔杀家》，见了他们从假设的岸上，跳上假设的船上，用形体动作描写船在水上的动荡，以致观众不能不随着演员的动荡而动荡。爱森斯坦赞叹道："我算看了真正的戏！"也正如罗果夫同志在《悼念梅兰芳》一文中所说，梅先生二十五年前在莫斯科的演出"迷住了苏联的观众。我们戏剧界的大师们非常敬佩他的天才，所有当时目睹过的人至今仍念念不忘"。

梅先生在那一次还会晤了斯坦尼斯拉夫斯基和聂米洛维奇－丹钦科。那是一次有影响的和有历史意义的会见。那次会见使梅先生得到一些对戏剧艺术新的理解。斯氏看过梅先生演的每一出戏，最后他指出："中国戏的表演是一种有规则的自由动作。"后来梅先生也常拿这句话来教他的学生。直到一九五七年梅先生和我参加中国劳动人民代表团祝贺十月革命四十周年的时候，斯氏的学生才告诉我们这位戏剧大师在他去世前一月曾称中国戏是一种"富有诗意的样式化了的现实主义戏剧"，而且嘱咐他们要注意学习。

梅先生去世了。这是一个无可弥补的损失。他的死不只是中国人民、中国戏剧界的损失，也是世界人民、国际戏剧界的损失。

怎样弥补这个损失呢？同志们，化悲痛为力量，继承前驱者的遗志，迈开前进的脚步，赶上去吧！

原载《文艺报》1961 年第 8 期，收入本书时略有删节。

和梅兰芳同志最后几次见面

　　在文艺界的某次会上，我告诉梅兰芳同志说欧阳老（予倩）病了。检查的结果是心脏病，已经入阜外医院治疗了。

　　梅兰芳同志极重友谊，第二天他就到阜外医院看了欧阳老。在人民大会堂一次宴会上，我和兰芳同志同席。他告诉我看欧阳老的情形。但隔了两天就听说兰芳同志自己也病了，而且病情跟欧阳老大同小异。但七月二十九日午后我到护国寺寓去看兰芳同志，他还高高兴兴地出来招待我，谈起了一次座谈会的情况，我见他谈得有些兴奋，怕影响他的病体，就告辞了，他一直把我送到大门口，我见了他那温厚愉悦的面容，感到很安心。

　　第三天，忽然听得说前一天晚上兰芳同志也入院了。为了中国戏剧文化的壮大发展，我们期待他们早日康复，早日恢复工作。

　　由于忙，又因怕影响病人的安静，好几天我没有直接去探视他们。八月七日上午我忽然觉得非去看看他们不可。到医院先见了欧阳予倩同志，他已经平稳多了，原来两手都缠着检查血压的带子的，已经去掉了。随即我征得黄大夫的许可去看梅兰芳同志，梅夫人领我进了病房，兰芳同志早已半抬着身子含着笑等我，并且指着床边的凳子要我坐。我原对大夫说瞧一眼就走的，也只得坐下来。我代同志们致了意，他说："放着许多工作却躺在病院里真叫人着急。"梅兰芳同志平日身体是很好的，他的责任心又强，总理看他的时候，他也提过到新疆去的事，梅剧团原有下个月到新疆为边地同胞公演的计划，他以暂时不能完成这计划为极大的憾事。据护理同志说，兰芳同志每天还非得刮胡子，一天他照着镜子说："咳，瘦了！将来怎么好贴片子？"这位大艺术家直到病危，始终保持艺术的青春，愿把自己的精湛的艺术为人民服务到底的精神是十分令人感动的。

他用有些消瘦但还温暖的手抚着我的手，要我珍重，并致意朋友们。他忽然瞥见门外还站着我的秘书黎之彦同志，赶忙把他招到床边，给他拉手说："谢谢你们。"兰芳同志待人始终这样周到。

临别我祝他早日痊愈，但没想到这就是我们最后一面。出来黄宛大夫告诉我，兰芳同志外心壁梗死部分较大，入院后一星期了，情况还没有什么好转，兰芳同志又有些焦躁情绪，不肯完全安静地躺着，因此黄大夫不甚乐观。我对大夫说："党给了您这样一个光荣任务：把中国两位大戏剧家医好，不只是全国人民的祝愿，也是广大国际朋友们的祝愿。希望作最善的努力。"黄大夫说："那当然。"没想到，八号早上四点兰芳同志病情恶化，与梅夫人也未及诀别就与世长辞了。

八号七时我赶到医院向兰芳同志的遗容致了敬，这位大艺术家的面容上似乎还含着生平特有的微笑，但他已经不再说话了。

多少同代人，多少后辈想听到这位大艺术家更多的话呀。他的丰富精湛的艺术经验被记录下来了的真不过十分之一二。我们也有进一步的安排，但已经迟了。

　　作为中国戏曲艺术家，梅兰芳同志是一位祖国优秀传统的勤奋的继承者，但同时又是一位天才的创造者，他在传统的基础上创造了精美空前的表演艺术，他到苏联、到美国、到日本充分代表了中国戏曲当时的最高水平。梅兰芳同志在抗日战争中八年没有演戏，蓄须明志，表现了很高的民族气节，其后参加反对美蒋的爱国民主运动，直到解放后参加党，参加社会主义建设，真是一根红线贯到底。他的死真不只是中国文艺戏剧界难以补偿的损失，也将引起国际文艺戏剧界很大的震悼。

　　我们所能做的是尽量搜集梅兰芳同志遗下的著作，追忆他的生平艺术经验，让后一代得到较全面较完整的楷模。安眠吧，兰芳同志！

　　　　　　　　　　　　　　　　　　　八月九日秋雨中

　　　　　　　原载 1961 年 8 月 10 日《人民日报》。

梅兰芳同志精神不死

　　八月八日清晨五时，在人民首都北京，一颗伟大的艺术家的心脏停止跳动了——梅兰芳同志逝世了。中国人民为自己的鼓舞者的死去而悲痛，全世界人民，特别是接触过梅先生的戏剧表演的各国人民为这一东方艺术巨星的陨落而悲痛。梅先生的辞世是中国和世界艺坛一个十分巨大的损失。许多亲近梅先生的朋友和追随梅先生的学生都对着梅先生的遗容而流泪、叹息；梅先生的灵车由首都剧场出发，经东西长安街向八宝山墓地行进的时候，多少青年男女追过来致敬，首都工、农、兵、干部、学生、市民平日多是梅先生的热情的观众，怎么能不对这位老老实实、勤勤恳恳为他们服务的大艺术家表示最后的哀悼呢！

　　梅先生真是全始全终，生荣死哀！

　　作为中国戏剧工作者的一员，除了表示对梅先生的深深哀悼之外，也首先想到我们该如何弥补这个巨大损失，如何更好地向梅先生学习。党号召过我们向梅先生学习，并超过梅先生。我们将来一定有超过梅先生的，但当前任务是正确估价梅先生，继承梅先生的一切优点。

　　梅先生对中国戏曲艺术事业所做的巨大贡献还待戏剧界经过细致研究之后加以学术的估定。我们今天只能就想得到的几个主要方面，跟泪痕犹湿的戏剧界同志们谈一谈。

第一，梅先生是在中国人民中间锻炼成长的艺术家，他也始终没有离开人民。他从小跟吴菱仙学戏，以后又搭班富连成，学的都是群众所喜爱的剧目，泼辣、有生气。等到成名之后，曾经受到一些封建的士大夫的包围，然而梅先生终究脱出了他们的包围。梅先生艺术发展的道路从《祭江》《三娘教子》《二进宫》等正工青衣戏开始，并学《二本虹霓关》《樊江关》《穆柯寨》等偏重身段、表情和武工的戏，随后受初期话剧的影响，编演了像《孽海波澜》《一缕麻》《邓霞姑》《童女斩蛇》一类的时装戏。再由于学习昆剧，研究绘画、舞蹈的结果，他创造了《天女散花》《嫦娥奔月》《上元夫人》《麻姑献寿》《太真外传》《黛玉葬花》《千金一笑》《西施》《霸王别姬》等附有绸带舞、花镰舞，拂尘舞、袖舞、盘舞、花锄舞、扑萤舞、羽舞、剑舞等一系列的古装京剧。这些戏的编写当然也得过一些士大夫的帮助，如罗瘿公、李释戡等都曾帮其打提纲或写唱词，但基本上还是梅先生和他的伙伴自己琢磨出来的，这些戏也受到当时群众的欢迎。当然，一个名演员可以演各种人物，但梅先生当时新戏的主题人物从村姑民女，一时全变而为天女、仙姬、后妃、闺秀，却绝不是偶然的事。幸而梅先生是一位不断追求进步，又非常尊重群众意见的人，他没有让士大夫给"罩上玻璃罩"，更没有跟着他们灭亡，而是"终于从玻璃罩里跳出来"。他在日本帝国主义对中国进行疯狂的侵略之际，他能以无比愤怒的心情编演《抗金兵》和《生死恨》等剧，处理反抗侵略，宣扬抗战的主题，对广大人民起了鼓舞作用。1949 年之后梅先生以高度热情把自己的艺术为广大工农兵服务，大大扩大了自己的观众层，在新的观众的热烈支持下，梅先生的艺术得到极大发展，增强了它的生命力。梅先生说得好：

> ……在旧社会的几十年中，我虽然在艺术上有过一些成就，但我究竟为什么人演戏呢？对这点始终是模糊的。解放以后学习了毛主席《在延安文艺座谈会上的讲话》后，得到了新的启示，明确了文艺应该首先为工农兵服务的道理，我觉得自己的艺术生命找到了真正的归宿。
>
> 见《谈谈京剧艺术》

他的这种饱满的政治热情和不断的学习锻炼，终使他成为光荣的共产党员，他的最后演出剧本《穆桂英挂帅》，表示了在国家安危之际不顾衰暮，挺身而起，为祖国贡献一切的雄心。这就说明梅先生不是士大夫所能占有，而是始终属于人民、效忠人民的艺术家。

第二，梅先生在戏曲艺术上善于继承，勇于创造。梅先生出身戏曲世家，从八岁学戏，十一岁登台，由于自己勤学苦练和先辈的启迪，到了十七八岁他的艺术已经有一定的规模。其后不断扩大自己的学习范围，冶青衣、花旦、刀马旦于一炉。又一面吸收初期话剧的现实主义精神，一面以极大的兴趣和努力学习昆曲，掌握中国戏曲艺术的优秀传统。正如欧阳予倩同志所说，他"吸取了过去许多旦角艺术的精华而集其大成"。但梅先生又不以此为满足，他总是虚心听取群众的要求，在传统基础上不断进行大胆的革新。所谓大胆又绝不是粗暴鲁莽，梅先生从来不干粗暴鲁莽的事。他的每一次改革总是先做细心的准备，通过点点滴滴的量变，走到焕然改观的质变。梅先生的改革也遭受过许多保守派的反对。但他常常用这个方法，使人们在不知不觉之间接受他的改革。人们说梅先生是中国戏曲传统的忠实的继承者，又是它的全面的革新者，的确梅先生对于中国旦角艺术的改革是十分全面的，从扮相、服装、音乐、唱腔、舞蹈、做派等等，无不打开了一条新路。其所以能进行这样全面的改革是因为梅先生除了他的本行应有的知识技术以外，他的学习范围也是广泛的全面的，谁都知道他通过对古代绘画、雕塑、诗歌、音乐等的研究进行服装、发式等造型设计和音乐舞蹈设计。他曾说：

> 一个京戏演员除了勤修苦练之外，还必须向多方面吸取精华，才能丰富自己的艺术。我从小喜欢看戏，我一边学戏，一边看戏，不只看以旦角为主的戏，什么戏我都爱看。
>
> 见《谈谈京剧艺术》,《梅兰芳戏剧散论》第二十八页

梅先生又不只什么戏都看，而且什么戏都学。由于他有武功的锻炼，他能把原有的把子加以提炼，使它进一步成为美丽的舞蹈。像《霸王别姬》的剑舞那样，据梅先生自己说，是把京剧《鸿门宴》和《群英会》的舞剑、《卖马当锏》的舞锏加以提炼变化，并吸取国术中的剑法汇合编制而成，又加以歌唱和管弦乐伴奏

的。《天女散花》不只是根据古画《天女散花图》的形象创制的，它的舞蹈甚至吸收了《探庄》《蜈蚣岭》的武生身段。这样可知在传统基础上进行艺术创造，不只是需要勇气，还需要丰富的多方面的修养。而梅先生通过勤奋，就拥有了这样的条件。

第三，梅先生以待人宽厚著名，但在政治上、艺术上、美学上要求自己和他的学生十分严格，总是叫人分清楚精、粗、美、恶，他认为这是一个人在艺术上成功失败的第一步，万万不能走错路。梅先生虽是有名的"好好先生"，但在大是大非面前，总是划清界限，毫不含糊。一九三五年冬，日本帝国主义侵略者听说他要到苏联去，派人来邀约他再去日本演出，愿意给他同苏联一样的优厚条件。但梅先生毫不犹豫地拒绝了，他坚决到苏联去。为了不经过在日本帝国主义控制下的伪满洲国，他宁可坐苏联轮船"北方号"，由海道转海参崴（今符拉迪沃斯托克），经西伯利亚铁路入莫斯科。那一次旅行公演给了苏联艺术界至今深刻难忘的印象，苏联艺术界对中国京剧艺术的评价也使梅先生更加认识了京剧艺术的民族特征，这一世界上第一个社会主义国家的革命和建设也不能不给梅先生以极大的思想影响。

"九·一八"事变后，梅先生演出《抗金兵》《生死恨》等剧，前面说过了。其后，东南各地继续被日寇侵占期间，梅先生为了拒绝为敌伪歌舞，八年之间留须罢演，闭门谢客，还一度避地香港，表现了中国戏曲艺人高度的民族气节。正是由于梅先生这样爱憎分明，才使他思想觉悟飞速发展，终于参加了无产阶级先锋队的光荣行列。

在艺术方面梅先生的创作态度是丝毫不苟的。《铁冠图》中的《刺虎》一折曾经是梅先生拿手戏之一，但因主题思想，是反对农民革命的，梅先生就坚决放弃不演。《贵妃醉酒》一剧的传统表演艺术中有许多优美的身段，但太监调笑，和贵妃回宫的唱做中都有不健康的黄色的东西，不符合人民的要求，梅先生都给改了，使表现古代宫廷贵妇人抑郁苦闷心情的主题更加突出。《奇双会》中李奇给李桂枝下跪，李桂枝说："怎么这老人向我屈了一膝，我的头便痛起来了。"她起身时有一个优美的身段，表情也较强烈，平日演到这里总有彩声，但后来观众提了意见，认为有封建迷信的成分，梅先生经过考虑认为观众意见是对的，也坚决改了。姜妙香先生最近也提了许多梅先生倾听群众的意见改戏的地方，梅先生这种虚心严肃、认真不苟的精神极值得我们学习。

梅先生收过许多学生，也有挂一个虚名，并不认真向梅先生学习的，这是论外。但对那些追随他多年的学生，梅先生总是认真细致地加以教诲。他真是"学而不厌，诲人不倦"，有些以前演过一些坏戏的，拜过梅先生以后就不许再演了。梅先生对待他们十分严格。

梅先生对待老朋友和同事们热心关怀，无所不至。对戏路不尽相同的合作者，在台上他总是多方迁就别人。我曾在赴苏联庆祝十月革命节和赴福建前线劳军与梅先生结伴，梅先生对待同志们总是那样热情温厚，照顾别人。他真是一个善于团结别人的阶级战士。

梅先生的生前艺友荀慧生先生评梅先生的艺术和为人，说"别人有挑，梅大哥没有挑"。的确梅先生是一位十分圆满具足的艺术家。一位日本大阪的朋友写信来追悼梅先生，说他们认为在中国旦角艺术上，"梅兰芳以前没有梅兰芳，梅兰芳以后没有梅兰芳"。梅先生在中国戏曲史上是史无前例的。但我们说：中国今后一定要培养梅先生这样伟大的艺术家，这样把自己的艺术生命寄托在工农兵劳动人民身上的艺术家，这样善于继承、勇于创造的艺术家，这样对自己严格、对别人宽厚和关心的艺术家。

梅先生的精神永垂不朽！

八月十八日深夜

原载《戏剧报》1961 年第 15、16 期合刊。

纪念梅兰芳同志逝世一周年

我国杰出的京剧表演艺术家梅兰芳同志离开我们整整一年了。全国人民特别是文艺戏剧界加倍深切地悼惜他。实在，失去了这样一位艺术大师，我们的损失太大了。

兰芳同志出身于北京戏曲世家，从他十岁开始，在京剧舞台上活跃了半个多世纪。他集旦角艺术的大成，又加以全面发展，创造了许多优秀人物形象。他是美的创造者，他不只受到祖国广大观众欢迎，通过他几次出国，也宣扬了中国戏曲艺术的特色，使中国戏在世界艺术天平上显示了很重的分量。他一生孜孜不倦地从事艺术活动，只有在日本帝国主义侵占半个中国的时候，才中断了八年。在那期间，他蓄须罢舞，拒绝和敌人合作，表现了凛然的民族气节。

1949 年以后，兰芳同志参加各种政治活动，到全国各地巡回演出，接触了广大工农兵群众，又参加赴朝慰问，赴华南，赴福建前线慰问，这使兰芳同志的艺术有极大的转变。他说在旧社会里他辛辛苦苦演了几十年戏，却没有充分搞清楚服务对象究竟是什么，自从他学习了毛主席《在延安文艺座谈会上的讲话》，才明确了文艺方向，"觉得自己的艺术生命才找到了真正的归宿"。他觉得"在这个阶段里，无论在政治上、艺术上，都得到了前所未有的发展"。他正想进一步学习、锻炼，为着人民，为着祖国

文化建设作出更好的贡献，病魔却夺去了他的宝贵生命，使中国
和国际戏剧界感到山颓、星陨的悲哀。

的确，梅兰芳是一座戏剧艺术的宝山，这座灿烂的宝山被西
方和东方的戏剧工作者所热情仰慕，在十九世纪写实主义戏剧走
到了尽头的时候，人们希望从超越第四堵墙的中国戏曲艺术得到
解救，从梅兰芳所代表的戏剧体系得到解救。我们拥有这样一位
大师却不肯及时认真地跟他学习，我们真是"过宝山而空回"。

现在我们更认识他了，他不在了！

我们应该重新足够估计梅兰芳的真价，趁着典型犹在，急起
直追，把梅兰芳同志的精神和艺术方法加以学术地阐明，让大家
加紧向他学习，产生更多的梅兰芳式的戏剧家，才能稍稍弥补这
一重大损失。

梅兰芳同志值得学习的地方极多，这里想特别提到几点：

一、梅兰芳同志对自己的艺术谨严不苟，在政治上也是守身
如玉，精进不已，平日待人谦虚随和，而在大是大非面前严正自
持，决不跟敌人妥协，所以他能够从一个爱国艺人发展成为马克
思主义文化战士。

二、梅兰芳同志从小到老勤学苦练，继承和发展了中国戏曲
艺术的全面技巧，但他又能向本行本剧种以外吸取精华，来丰富
自己；还通过读书、习画，多交文艺界有修养有见识的朋友，以
及养牵牛花、养鸽子直到纵览天下名山大川，来不断扩大自己的
胸襟眼界，培养自己的高尚情操和对精粗美恶的辨别能力，来
"把自己的灵魂塑造得更美好，更纯洁"。这样，他的艺术才能日
深月广与时俱进，没有停滞、退转的时候。

三、梅兰芳同志一直勤慎地为观众服务，1949 年之后更欢喜踊跃地为工农兵贡献出他的最好的艺术。他对戏曲内容和表现形式，处处尊重专家意见，但更忠实于人民的利益和喜好；他褒爱祖国的戏剧传统，但他只继承其中的香花而劝大家剔除那些于人民不利的毒草。他一生主要演历史故事剧，表现前代的妇女，但他也尝试过《邓霞姑》《一缕麻》等时装戏；他号召大家继承传统技法来演好现代剧，"使现代的罗盛教、黄继光、张秋香……和古代的赵云、黄忠、穆桂英、文天祥……并列在舞台上，永远鼓励我们"。他英明地指出，继承传统不只是继承"传统的演唱技巧，而且，还要深刻地理会传统戏曲的剧本创作方法、描写技巧……""要运用中国戏曲独特的表现手法创造现代的人物"，从吸取传统技巧中那些可以运用的东西，"加以发展和变化，用在现代戏里的人物身上"，"从现实生活中提炼、加工，根据传统技巧的表现原则来创造适合于现代人物的新唱腔、新格式、新手段……"（见《梅兰芳戏剧散论》中《运用传统技巧刻画现代人物》一文）这样，不只可以使戏曲能演好现代剧，也暗示了今天中国话剧该如何向传统学习的正确途径。我们不只是运用一些京剧的锣鼓节奏和某些身段手势，而应该从深刻体会传统戏曲剧本的创作方法、描写技巧入手，我们要使中国话剧也接受梅兰芳学派，如许多国际戏剧家所期待的，在传统戏曲与欧洲式的话剧之间建立一座金桥。这将保证中国戏剧找到自己真正的道路，取得无比辉煌的发展，这也将是对梅兰芳同志最好的纪念。

原载 1962 年 8 月 8 日《大公报》。